一战传奇

THE LEGEND OF THE FIRST WORLD WAR

李恩杰　姚萱　编著

山西出版传媒集团
山西教育出版社

图书在版编目（CIP）数据

一战传奇 / 李恩杰，姚萱编著. —太原：山西教育出版社，2014.1（2016.7重印）
ISBN 978-7-5440-6631-0

Ⅰ. ①一… Ⅱ. ①李…②姚… Ⅲ. ①第一次世界大战-史料 Ⅳ. ①K143

中国版本图书馆CIP数据核字（2013）第254503号

一战传奇
YIZHAN CHUANQI

责任编辑 郭志强
复　　审 薛海斌
终　　审 刘立平
装帧设计 薛　菲
印装监制 贾永胜

出版发行 山西出版传媒集团·山西教育出版社
（太原市水西门街馒头巷7号 电话：0351-4035711 邮编：030002）
印　　装 山西人民印刷有限责任公司
开　　本 890×1240 1/32
印　　张 8.5
字　　数 194千字
版　　次 2014年1月第1版 2016年7月山西第3次印刷
印　　数 8001—13000册
书　　号 ISBN 978-7-5440-6631-0
定　　价 18.00元

目录

Contents

目录

Contents

01 萨拉热窝的寒战
——点燃一战导火索

◇ ………………

自从人类进入所谓的文明社会以来，战争在这个星球上就几乎从未间断。这几千年间，小范围的战斗数不胜数，大规模的战争也多如繁星。但是直到进入 20 世纪，前所未有的、超级规模的战争在世界上爆发，所牵扯的国家之多，战争形势之复杂，伤亡之惨重，造成的损失之巨大，却是从未出现过的。

第一次世界大战要悄悄地来到了。但是，这场战争危机的真正源起却是因为 19 世纪 70 年代普法停战的和约，这个和约规定法国割让阿尔萨斯和洛林两地给德国，并且赔款德国 50 亿法郎。法国与德国就此结怨，为以后第一次世界大战埋下了伏笔。

普法战争的结束是仓促的，普鲁士首相俾斯麦担心法国报复，所以他采取结盟政策，围堵法国。因此，德意志帝国、奥匈帝国与意大利王国三国缔结“三国同盟”。

而法国、英国和俄国因受到德国在奥斯曼帝国的力量威胁，于1907年组成“三国协约”。

于是，欧洲自此分为两大阵营——“同盟国”和“协约国”，只要有任何风吹草动，都有演变为世界大战的可能。

一、失败是成功的彩排

引发世界大战的这两个枪下之鬼是奥地利哈普斯堡皇位的继承人弗兰西斯·费迪南德大公和他的妻子索菲·肖特克。

弗兰西斯·费迪南德大公和索菲·肖特克之间的爱情故事绝对是王子和灰姑娘的故事。索菲·肖特克出身平民家庭，当初在宫廷之内充当女侍的时候，服侍的是弗兰西斯·费迪南德的堂姐妹伊萨贝拉公主，所以，她跟弗兰西斯·费迪南德大公有了一些接触的机会，最终凭借自己的美貌与智慧获得了大公的喜欢。

理所当然的，必定会有许多人反对这样的爱情，而在这个皇室里，最大的反对者必然是弗兰西斯·费迪南德的叔父、老皇帝弗兰西斯·约瑟夫皇帝。因为他接受不了索菲·肖特克侍女的身份，皇室的成员、也是将来自己的继承人的侄子，怎么能够选择一位有失皇族身份的配偶呢？但看来他们两人之间或许真的是爱情，这件婚事让老皇帝非常烦恼。一年后，他终于同意了他们的婚事，作为表示同意的代价，他要求弗兰西斯·费迪南德放弃他的子女任何求得高位或充当他的继承人的权利。所以，在索菲·肖特克生了三个孩子之后，她依旧在哈普斯堡皇室的古老宫廷中没有地位地生活着，受制于她，她的孩子们也都没有得到重视。

五年之前，弗兰西斯·约瑟夫皇帝觉得可以稍微提高索菲·肖特克的地位了，便授予索菲霍恩贝格女公爵的称号，并且准许她在舍恩布龙宫照料宫廷事务。但这有限的地位提升，并不能带给她哪怕与她的丈夫同坐大公马车的权利，也不能与她丈夫同坐在剧院的皇族包厢里看戏，因为这是宫廷的繁琐的礼仪所禁止的。

再次说起这一天，1914 年 6 月 28 日，这天本是寻常的一天，但却也是一个值得弗兰西斯·费迪南德和索菲·肖特克庆祝的日子，因为这是他们结婚十四周年的纪念日。庆祝的活动在所难免，但这次他们的庆祝活动是到约在六年前并吞的波斯尼亚—黑塞哥维那去作一次特别访问。这次访问的更大的动机，是大公想使他的妻子得到她在维也纳得不到的皇室荣誉。他作为武装部队的检察长，将视察驻在那里的两个奥地利军的一年一度的演习，然后访问省会萨拉热窝。索菲·肖特克和她的军职身份的丈夫一起旅行，就可以受到同等的礼遇。弗兰西斯·费迪南德抓住了一次使自己取悦妻子的机会，自然是相当精神，但他却不知道，前面有看不见的危险在等待着他。

6 月 28 日不但是大公的结婚纪念日，还是圣维图斯节日或维多万，这是巴尔干斯拉夫人的一个特殊假期，每一个民众都兴高采烈，街道上挤满了熙熙攘攘的波斯尼亚人。维多万本来是纪念土耳其在 1389 年科索沃之战中获胜的国哀日，当时塞尔维亚王国被摧毁，基督教居民遭受奴役，但是自从两年前土耳其在第二次巴尔干战争中败北以来，维多万倒成为全国欢乐的喜庆节日了。

两个活动的重合，使萨拉热窝的这个晴朗的星期天异常热闹。

弗兰西斯·费迪南德大公和索菲·肖特克下了火车，萨拉热窝市长费希姆·埃芬迪·楚尔皮茨前来接站，因为这是必需的礼仪。于是，六辆车篷折叠起来的游览车缓缓驶出车站。第一辆车里坐的是市长和他的警察专员盖尔戴博士；第二辆车载着弗兰西斯·费迪南德夫妇，波斯尼亚军政府长官奥斯卡·波蒂奥雷克将军坐在左边可以折叠的座位上，司机的旁边是大公的侍从官哈拉希伯爵。皇室汽车的长列，缓缓地驶过人群拥挤又疏于保卫的街道。这里只有稀疏的宪兵警戒线布在路旁，而数千名本地区的部队，都在野外演习——因为大公要求萨拉热窝宣布禁止军人进入，他不想使他的访问与炫耀军事力量联系起来。然而，不管他如何保持所谓的低调，虽然大公本人并不对波斯尼亚的被奴役负责，但他仍然是波斯尼亚的仇敌，仍然被看做奥地利压迫的象征。坐在车里的大公浑然不觉，有七个塞尔维亚的暗杀者埋伏在预告要经过的道路旁，他们发誓要杀死大公。

这是一支极度年轻的暗杀小组，其中最年长的才 23 岁，五个都是 19 岁，另外一个 17 岁。上午 10 时后不久，官方的车队缓缓驶入市中心。暗杀者利用不周全的安全防卫措施，藏匿在与米利亚茨卡河并行的阿佩尔码头这条大路旁。

视察的车队经过米利亚茨卡河上的楚穆尔亚桥，驶进阿佩尔码头时，第一个暗杀者已经离他们的距离非常之近了。这个杀手就是孤身的穆斯林穆哈迈德·迈赫迈德巴西克，但是他没有展开行动。事后他称，有一个警察走过来站在他前面，所以他手握炸弹却不能轻举妄动。相距不远的是奈杰尔科·察布里诺维茨，他瞄准大公的羽毛头盔，把炸弹猛掷过去。司机看到这种行凶者的动作，立即加快车速，炸弹落在折叠起来的帆布车篷上，再弹回到地上，在第三辆汽车的前面爆炸，炸裂了它的前轮胎。炸弹飞起的碎片击伤了波蒂奥雷克将军的副手埃里克·梅里齐中校和几位旁观者，其中有索菲的女侍女伯爵兰尤斯。

这个暗杀失败的人吞下了一小瓶氰化物，跳进了水位很浅的河里。他迅即被打捞出来，几个市民把这个呕吐着的小伙子拉上河岸，连连殴打，警察到来的时候才住手。这个出生于萨拉热窝的印刷工人因服了毒药，痛苦得很厉害，但极力保持头脑清醒，对密谋毫无吐露。弗兰西斯·费迪南德对察布里诺维茨不甚介意，却对受害者很关心，敦促马上送他们去医院。然后，他们迅速驶往市政厅，经过的路旁还有另外三个共谋者，但他们并没有行刺。坐在第一辆车上的楚尔齐茨市长，显然没有听到为人群的喧闹所掩盖的爆炸声，当他就要宣读他准备好的欢迎词时，觉得胳膊被人紧紧抓住而吃了一惊。大公怒气冲冲地叫道，“市长先生，我到这里是来访问的，却被以炸弹相待！太不像话了！”但接下来他马上变得平静了，他对市长示意可以开始讲话了。

刚刚回过神来、仍然摸不着头脑的楚尔齐茨，发表了一篇过分颂扬的讲话，结束语是这样的：“上帝维护按使徒教义行事的皇帝陛下，我们最仁爱的君主弗兰西斯·约瑟夫皇帝。”索菲显然比她的丈夫镇静得多，她把这份镇静同时也给了大公，大公对市长的赞美之词的反应是非常庄重的，显示出了对市长的重视。

二、当枪声响起

典礼结束后，弗兰西斯·费迪南德立即发了一个电报给皇帝，描述了这惊魂的一幕。然后他问波蒂奥雷克将军，下午是否应当继续按照已经宣布的计划进行。波蒂奥雷克将军相当自信，拍着胸脯保证再不会有暗杀者出现。下一站是访问国家博物馆，但大公想显示出他对受伤者的关心，所以坚持要去探望陆军医院里的几个伤员。为了索菲的安全，他并不主张她陪自己去，但索菲却要跟他一起去。

在驶往医院的途中，除一个人改变座位外，其余的次序都和以前一样。哈拉希伯爵不再坐在大公车上前面司机的旁边，而是站在汽车左面的脚踏板上，手按着刀柄，做出保护殿下夫妇的架势。因为第一颗炸弹就是从左面扔过来的，所以伯爵选择这个位置以防止可能出现的故伎重演，他全神贯注地盯着街道和人群，显得非常威武。

很快，车队经过一座桥时，相距不过几米的地方藏匿着另一位密谋者，但他却愣住了。车队按照计划是要沿码头驶往医院的。可是，市长的司机并未被告知已改变计划，而向右转入弗兰西斯·约瑟夫大街，朝着博物馆驶去。大公的司机顺从地跟着前面那辆车走，他也不知道已经改变计划。所以，一切的阴差阳错都朝着一个可能会出现的结果走来。

意识到转向的错误之后，波蒂奥雷克将军命令司机掉头，向相反方向行驶。大公乘坐的车子在停顿的时候，正好停在加夫里洛·普林齐普的面前。这个19岁的年轻人，是暗杀小组最坚决的一个，他没有错失这个时机，果断地拔出一支比利时小手枪，仅相隔1.5米远，平射了两发。哈拉希伯爵依然站在对面的脚踏板上戒备着，没预料到这个紧急情况，只吓得目瞪口呆，他必定感觉到天在一瞬间塌了下来。

看到阴谋得逞，普林齐普不愿被奴役，抱着必死的决心，举起手枪对准自己的头部，但一位旁观者抓住了他的胳臂，同时警察把他包围了。在短短的挣扎期间，他设法吞下了早已准备好的氰化物，但是他没有死去，只是出现了剧烈的痉挛、恶心和呕吐。这说明这剂毒药不是太稀，就是太陈了，起不到预想的让人迅速死去的作用。

这两发致命的子弹，第一颗射入了大公的脖子，打穿了他的颈静脉，第二颗洞穿了索菲的腹部，切断了一根动脉。这对夫妇惊呆了几分钟，依然挺直坐着，呆滞的目光凝视着前方，他们的确也没料到这样的情况。波蒂奥雷克以为他们平安无恙，但怕再有发生行刺企图的危险，于是取消了医院之行，命令司机回到军政府长官府邸。当车子掉头转向时，哈拉希伯爵侧过身来想靠近些讲话，可血从大公的口里喷到了他的侍从官的右脸上。

索菲这时候缓过神来，不顾自己的疼痛，喊道："看到老天爷面上，你怎么啦？"然后她从她的座位慢慢地滚下来，把她的脸贴在她丈夫的膝盖上。大公断断续续地说："亲爱的索菲！亲爱的索菲！死不得，活下去，为了我们的孩子！"大公绿色羽毛的将军盔帽即将掉下来的时候，哈拉希把他撑起来，问道："殿下，伤得很厉害吗？"大公用越来越虚弱的声音咕哝着："没有什么。"他几次重复了这句话，然后昏迷过去。上午 11 时后不久，大公和大公夫人抢救无效，两个人都因内出血而成了枪下的鬼魂。

这对夫妇死去的消息马上传到正在萨尔茨堡附近巴特伊施尔的行宫一个夏季别墅休憩的弗兰西斯·约瑟夫皇帝的耳朵里，他先是感到震惊，接着自言自语道："触犯全能的上帝是不能不受到惩罚的，老天爷恢复了我不幸未能维护的秩序。"他在暗示罪行不管多么可怕，却为哈普斯堡皇室面临的问题提供了合乎需要的解决办法。他对他的继承人以犯贵贱通婚之罪来反对皇朝而遭到神的惩罚，显然表示非常敬畏，却没有在第一时间去质询枪杀案真正的原因。

这天晚上，德皇在他的游艇“霍亨索伦号”上获悉这个消息，那时正在庆祝连接北海和波罗的海的德皇威廉运河建成十九周年纪念日。在停靠在旁边的一艘汽艇上，一位海军将军把电文折叠在一个金制烟盒里，把它掷给等候在那里的人。威廉是真心喜爱他的朋友和猎伴弗兰西斯·费迪南德的。读了这个报告后，他脸色发白，一声不响地回到他的特等舱房里去。

随即，表示同情的电讯从世界各地传来。

这天的其余时间里，萨拉热窝是平静的。但是第二天清晨，萨拉热窝就开始变得疯狂，一帮流浪的克罗特人和穆斯林劫掠了塞尔维亚人地区，对谋杀进行报复。住宅、学校、商店和俱乐部都被毁坏，其中的居住者受到袭击，到处都是一片狼藉。有几十人受伤，落在塞尔维亚人手里的一个暴徒被殴打致死。

波蒂奥雷克把部队调进市区后，迅即建立了秩序。但是，这件事的影响却无比深远，它起到了一个导火索的作用，使第一次世界大战的战火迅速地燃烧起来，几十个国家不断参与进来，一直到难以收拾的地步。

02 战火熊熊燃起
——入侵塞尔维亚的连锁反应

◇

大战的导火索噼噼啪啪地燃烧着，但要真等到战火熊熊燃起，还需要一定的时间。

奥地利的老皇帝弗兰西斯·约瑟夫已经82岁高龄，皇位继承人被暗杀在自己的势力范围内，毕竟是一件悲愤的事情，看来势必要教训一下塞尔维亚了，但他是否有精力去发动一场战争？要想无后顾之忧，那就需要坚实的后盾，而他所期盼的，正是发展得如日中天的德国。

当弗兰西斯·约瑟夫皇帝收到德皇的明确保证后，他明白自己需要怎么做了。他确切地知道，将要有一场可怕的战争就要爆发；但是，他却不知道，他所发动的这场战争，会牵动整个欧洲甚至世界。

一、牵一发而动全身的入侵

奥地利攻打塞尔维亚的决心已定，于是，欧洲大陆、整个世界的战乱也就此注定要开始了。

1914年7月23日下午6时整，奥地利使节弗拉基米尔·冯·吉斯尔男爵，代表他的国家向塞尔维亚政府递交最后通牒。由于战略上的原因，日期和时间都是事先决定的。八天前，法国总统雷蒙·彭加勒和总理勒内·维维亚尼，巡航到圣彼得堡做国事访问。他们预定在7月23日下午开始返航，贝尔希多尔德想在他们开船远离海岸之后作出他的要求——这样，就能够成功地避开协约国之间做出最快的反应。

奥地利大臣击败和摧毁塞尔维亚的决心是这样的坚强，致使他的最后通牒排除了进行谈判的丝毫可能性。最苛刻的要求之一，就是可以在塞尔维亚自由进出并由奥地利的官僚干预萨拉热窝的阴谋的调查。奥地利对暗杀幕后策划人吉米特里耶维茨及其黑手党全然无知，所以，这样干涉塞尔维亚的内政，是奥地利人的蓄意挑衅。另一条要求坚持要贝尔格莱德放弃针对奥地利国民发布的“有害的宣传”，这项措施要由奥地利监督执行。贝尔希多尔德和他的同伙，只给了塞尔维亚48个小时来研究是否接受这些要求。

当奥地利决心一战的消息在第二天早晨传到威廉皇帝那里时，他正在北方水域他的游艇上逍遥快活。在读了最后通牒的文本之后，他对此嗤之以鼻。显然，他并不觉得战事会越牵连越大。

在48个小时限期届满之前几分钟，一个身材颀长、白须白发的人出现在奥地利大使馆。帕西茨总理带来了他的政府的答复，这个文件证明大臣之间曾经历过许多痛苦的辩论——文件经过反复修改，而唯一的一架打字机被筋疲力尽的秘书用得发生故障，需要修理，帕西茨封套里的文本都是手抄的。

很明显，塞尔维亚政府的答复是力求和解和充满希望的。它提醒维也纳它在巴尔干战争期间爱好和平的态度。塞尔维亚准备正式谴责那些反奥地利的人的行动，但它不能接受侵犯其主权的两项要求。如果奥地利不满足，贝尔格莱德建议提请海牙法庭仲裁。塞尔维亚也只能这么做来保持着它的尊严。哪怕作为一个小国，也应该有自己的尊严。

威廉皇帝对于这个答复，明明白白地表示接受，他宣称，因为塞尔维亚已经屈服，战争的原因消失了。他建议，奥地利应当把塞尔维亚作为“质押领土”，抵押给奥国直到它履行了保证为止。俄国外交大臣谢尔盖·萨佐诺夫也接受了塞尔维亚的答复，并建议同维也纳谈判。但是奥地利决心消灭塞尔维亚，并不满足于外交上的胜利。甚至在最后通牒限期 48 个小时未满之前，就已经有部队在塞尔维亚边境动员了，他们的如意算盘拨得很响。

奥地利同塞尔维亚关系破裂的消息引起了欧洲大陆的惊慌。俄国警告奥地利，攻击塞尔维亚会引起俄国的立即动员。由于贝尔希多尔德只打算对塞尔维亚进行局部性突击，他依赖他的德国盟友迫使俄国让步。但是他的盲目与自大，却使更大的战争到来了。

贝尔希多尔德确实是盲目的，他还想着 1908 年，当奥地利并吞俄国的“小斯拉夫兄弟”波斯尼亚和黑塞哥维那时，圣彼得堡感到无可奈何的愤怒，但那时沙皇政权由于在 1904 年至 1905 年的战争中败于日本，接着在 1906 年又非常困难地镇压了革命起义，仍处于筋疲力尽中。但是现在是 1914 年，俄国已经充分恢复过来，并不会袖手旁观。

德国最高级人物无疑是支持贝尔希多尔德的侵略行为的。冯·毛奇将军坚持认为，难得的有利形势应当用来进行打击，他说：“法国的军事形势是十分困难的，俄国没有自信心，而且今年的时机是有利的。”而柏林的外交大臣戈特利布·冯·雅戈认为，奥地利的大胆加上德国的支持，最有可能使俄国安静下来。

但是，沙皇外交大臣萨佐诺夫对这一威胁的反应是这样的：“俄国不能容许奥地利打垮塞尔维亚，变成巴尔干半岛诸国中最占优势的国家。”现在，德皇感到讹诈和威胁都已无济于事，极力主张通过商讨来解决争端。但是他自己的不可抗拒的黩武思想正在得势，已经不能停止前进了。

英国也不甘于寂寞，它并不想让俄国和法国的同盟加剧这场危机，于是，英国外交大臣爱德华·格雷于7月26日参加进来，提议德、法、英、意开会调停奥地利与塞尔维亚的不和。柏林干脆拒绝了他的提议，说这一争端仅同两国有关。奥地利可以控制目前的局势，在让奥地利摧毁塞尔维亚的同时，由德国的军事力量威慑俄国，使它不敢采取行动。

爱德华·格雷第二天再次建议调停。可能出于德皇的敦促，贝特曼·霍尔韦格总理在一封信中向贝尔希多尔德提议，要他重新考虑格雷的建议，如果拒不同意，会导致世界舆论以为奥地利和德国在故意发动一场战争。

奥地利用7月28日对塞尔维亚宣战的事实答复贝特曼·霍尔韦格的建议。当然，贝尔希多尔德还是会有一个书面的答复：他对未能考虑格雷的建议感到遗憾，因为它已被事变所压倒了。野心家贝尔希多尔德为了使他的皇上在宣战书上签字，把一份报告放在他面前，声称塞尔维亚士兵已经向多瑙河上奥地利的部队运输船舶开火。当然，这完全是为了达成目的而不择手段的谎言。

二、大国之间的对抗

俄国当然不会坐视不管，马上着手调停。在7月29日下总动员令时，一切“局部化”的希望都被抛弃了。7月31日，柏林向圣彼得堡和巴黎发出最后警告，俄国被命令要在12个小时内停止对奥地利和德国的每项战争措施，并明确地通知德国。外交大臣萨佐诺夫说明，时限太短促，不能停止动员，但只要继续谈判，俄国部队将不越过他们的边境。

俄国沙皇尼古拉对战争不怎么感兴趣，他打电报给威廉：“了解到你是被迫动员的，但愿从你那里得到像我给你的同样保证，即

这些措施并不意味着战争，我们将继续谈判。”

德国的答复是在8月1日宣战。

德国给法国的最后通牒是要求知道它在俄、德战争中的态度。柏林给巴黎18个小时答复时间，并挥舞着铁拳说：“动员就无可避免地意味着战争。”德国军国主义者长期以来就策划对法国打一场预防性战争。因为他们的总计划是按照两线作战设计的，法国总得被迫打仗。如果它宣布中立，柏林的使节奉命提出要求，凡尔登和土尔的要塞要受德国军事管制。

对法国的通牒时间是18个小时，德国却一直等到8月3日才宣战。威廉和他的总理对两线作战疑虑重重，开始设法避免战争。他们抓住英国格雷大臣最后的建议，只要俄、奥、德之间还存在和平解决的希望，法国应当在军事上保持中立。为了达到这个目的，法国的文官政府下令边防部队撤到边境后面约十千米来作为和平意图的证明。但是在宣战之前四天，德国的巡逻队就开始越境进入法国了。

第一声枪响发生在8月2日早晨。当时贝耳福的一个法国哨兵正在查问一个中尉率领的德国巡逻队的口令，后者立刻开枪。法国兵安德烈·珀若下士举起他的步枪瞄准和射击了三次，打死了那个军官。然后丢下他的枪，摇摇摆摆走了几步，就倒下来死了——这是西线上被杀的第一个士兵。当8月3日宣布公开敌对行动时，贝特曼·霍尔韦格总理准备了一个借口。他指责法国派了一个飞行员在卡尔斯鲁厄和纽伦堡的铁路上丢炸弹。

德国驻伦敦大使卡尔·利希诺夫斯基皇子，是他的国家和西方之间维护和平的热心拥护者。在一封与其说是表述事实不如说是表述主观愿望的给柏林的电报中，他说格雷的建议似乎意味着，如果我们不攻打法国，英国将保持中立，并将保证法国的中立。得意洋洋的德皇对着参谋总长毛奇宣称："那么，我们的全部兵力前进吧，只向东方。"

毛奇是一个老将了，他极力主张他的君主打消这种想法，因为一旦计划好之后，是无论如何不能改变的。威廉最后对毛奇的恳求作出让步，但坚持越过卢森堡和法国的边境要推迟一天。毛奇在他的日记中哀叹道："这对我是巨大的震动，好像什么东西打击我的心脏一样。"到了傍晚，他的悲伤一扫而光，因为来自伦敦的"好消息"清楚地表明，英国不会保证中立。这位如释重负的参谋总长，立即下令按照入侵的时间表开动。他的军队的行动是高效率的，德军进入卢森堡比预定时间提前一整天。

虽然英国希望大陆的争端用和平协定来解决，犹豫不决的内阁却既不能起指导作用，也不能起领导作用。强有力的警告说不定会使德国悬崖勒马的。法国总统彭加勒一次在他办公室召开的会上告诉英国大使说："如果英国立即声明它要支持法国，就不会有战争，而德国也将马上改变它的态度。"但是伦敦因循拖延，直到它的唯一选择是参战为止。

由于法、德边境的防御工事很坚强，不易入侵，德军不顾那个小公国的统治者的抗议，于8月2日首先入侵卢森堡。同一天，柏林要求比利时允许德军无限制地通过，以入侵法国。这是违反英、德和其他国家于1839年签订的保证比利时永久中立的公约的。英国签订比利时中立公约，并不是单单为了对一个弱小国家的崇高关怀。它的海上优势不能容忍一个强大的大陆国家（如德国）控制极为重要的海峡沿海地区，包括第一流的综合性港口安特卫普在内。当德国人于8月4日入侵比利时时，英国正式参战，成为当时唯一对德宣战的国家。英帝国的自治领加拿大、澳大利亚和新西兰变成交战国，南非也于1915年1月参战，战争的成员国越来越多。

贝特曼·霍尔韦格曾把伦敦保证比利时的永久中立称为是"一片废纸"，现在对英国的参战非常愤怒，但是他丝毫不感到羞愧。他在几个月后预言："我指望这场战争不超过三个月，也许充其量四个月，我们的整个政策正以此为根据。"

战争的参与阵容越来越庞大：门的内哥罗加入塞尔维亚这一边，反对奥地利；长期以来对俄国图谋君士坦丁堡感到惊慌的土耳其，同中欧强国结盟；意大利宣布中立，声称奥、德从事侵略已使它们所订的条约无效，并于1915年对它从前的伙伴宣战；保加利亚不久参加中欧强国的阵营，所有巴尔干国家最后都卷进去了；在远东，日本保证支持它的盟国英国，它乐于利用这个条约，把德国驻防军队从中国山东省的战略性口岸城市胶州赶走；英国的殖民地印度，也自动地承担义务；而远在大洋彼岸的美国，也会作为卷进去的最后一个国家，在三年之内参战。

于是，从奥地利入侵塞尔维亚开始，第一次世界大战轰轰烈烈地爆发了。

03 一扇巨大的旋转门
——施里芬计划

◇

这时候欧洲大陆的战火一旦燃起，就会形成燎原之势，再加上各个国家在外的殖民地和势力范围的争夺，仿佛一瞬间便烧遍了整个世界。

各国的兵役制和改进了的铁路网，使大部分交战国能迅速地动员职业军队后面的后备军。在几个月的时间内，德国把它的常备军从79万增加到500万，形式迅猛；奥匈帝国从45万增加到335万；法国从79万增加到400万；俄国从120万增加到600万。英国没有大量的常备军，16万英国远征军包括自治领和殖民地部队在内，后来增加到接近98万。

而这，仅仅是欧洲几个大国投入的兵力。

前所未有的如此多的士兵都将被投放到战场上去，这场旷日持久的战争的凶残程度可想而知。

一、各国的武力对比

各国的军队都组成相似的编队，但编队的规模不同。每个师从1.2万人到2.2万人不等，一个师通常由一位少将统率；两师或更多的师编为一军，由一位中将率领；两军或更多的军成为一个集团军，由一位上将率领。有些国家，特别是德国，以数字来表示军队的番号。集团军、军和师都有一个分成四五个科的参谋部，通常包括后勤、情报、作战、补给和训练。

师再往下分，一个师包括两个或更多的旅，每个旅由一位准将或旅长统率；一个旅包括两个或更多的团，每团由一位上校管辖；一个团等于三个或更多的营，营的首长是一位中校；一个营由四个连组成，每连由一位少校或上尉统率；一个连由四个排组成，每排由一位中尉指挥。

在这场战争中，大部分战斗是由步兵、骑兵和炮兵进行的，但技术进步产生了许多后勤部队，它们等于并且常常超过前线部队的数目。

工业不发达的国家如奥地利和俄国，仍然信赖过时的战争观念。从19世纪遗留下来的骑兵，只在战争的最初几个月起了较大作用。一个骑兵旅通常包括由9200名骑兵和9800匹军马组成的三个骑兵团。以前，骑兵代表军事上的精华。戴了华美头盔，用矛和飞舞的马刀冲锋的德国枪骑兵，只有密集的火力才能加以摧毁。法国和英国骑兵的进展也并不好。由于机枪和榴弹的使用，不久就把马匹转移到比较安全的后方和用于运输，使从前的骑士不得不默默无闻地徒步作战。

炮兵由许多有四门到八门炮的炮兵连组成。三个到四个炮兵连组成一个炮群或炮兵营；两个或三个炮群等于一个炮兵团。当时射程已经增加得很远，炮兵能把炮弹射向远非炮手所能看到的目标，因此飞机和气球被用来测定敌方目标，并报告击中或击不中。

俄国对中欧强国的最大威胁，在于它有600万部队，但是那个大吹大擂的蒸气压路机，开动起来效率很差。俄军大都是文盲的部队，虽由勇敢的士兵组成，但他们由贵族和有钱人组成的军官团领导，所受到的训练很差，军官们的战争知识，还局限于使用军刀和剑。同时，军官们的贪污本领却是高度发展的。由于俄国辽阔的陆地面积和不发达的铁路系统，它的不利条件进一步增加了。它要进入海洋，则遭到冰块或敌人巡逻艇的封锁。前线常常缺乏火炮和机枪。很多士兵甚至没有步枪——部队作战时，有些人的武装往往只有缚在一根棒上的刺刀。

而奥、匈帝国有多种语言文字的不利条件。大部分军官都是日耳曼人，但部队中只有四分之一的人能讲德语。这个二元君主国既不关心、也不能团结它的形形色色的民族。

最初，德国人和奥地利人在大炮方面胜过他国。德国埃森的克虏伯工厂和波希米亚的斯科达工厂，是整个欧洲最先进的兵工厂。法国的76毫米炮是轻便的，机动的，并且是当时大炮中最快的，但这种76毫米的炮只对无掩蔽的部队有效，它不适宜于长距离炮击，比不上威力很大的德国榴弹炮。此外，法国参谋部把炮兵看作是对步兵的次要的补充；他们认为，集体精神将更能补偿技术上的不足，眼光不可谓不狭小。

战争伊始，德国有3500门中炮和重炮，而法国的大炮则不到300门，悬殊不小。每一个德国的军有36门105毫米的榴弹炮，再加上16门150毫米榴弹炮。德国还有4500多挺机枪，而法国只有2500挺。甚至在轻炮方面也是德国占优势，它有6000多门77毫米炮，而法国只有3500门76毫米炮。

所有体格健全的德国青年都要服兵役，合格的青年，尽管他们的家族有权势，也无人能避免征召。需要服役两三年的时间，依服役的部门而定，接着是五年半的正规军后备军，然后转到战时后备军，这是第二后备军，时间12年。到39岁时转到最后的后备军战时民兵，一直到他们的45岁生日为止。在这些人的后面，是除在后方和安全地带从事有限的任务外不适宜任何服役的男子部队。德国发展了一个由军官和军士组成的很有效率的核心，能把一大批新兵和后备军组成一支优秀的战斗力量。战争爆发时，约有200万人结合在受过良好训练的职业士兵组成的核心周围，这就保证了部队的高素质。德国军官关心他们部队的福利，就像他们关心保养上了油的机枪一样。战争期间，当有些指挥官不必要地派士兵去送死时，德国将军们却是效率最高和最少浪费他们部队的。

战争的初期，德国还在轻武器方面占优势。步兵用毛瑟枪装备，这种枪很坚实、准确，甚至在今天也是在运动员中最流行的枪支。

德国不但在军队素质与武器方面拥有优势，作战计划也成为其初期屡战屡胜的原因之一。这就要提到著名的施里芬计划了。

二、强悍的施里芬计划

自19世纪至二战结束前，世界陆军之强莫过于德国，而作为德国陆军的最高指挥机构的德国参谋本部，特别是一战前的德国参谋本部，更是藏龙卧虎、人才辈出，至今仍然令无数热血男儿心向往之。在德国参谋本部的历届参谋总长之中，成就最高的当数辅佐俾斯麦先后打赢丹麦战争、普奥战争和普法战争，统一德意志的老毛奇；而最为东方世界所熟悉的，当数老毛奇的继任者、1900年出任侵略中国的八国联军元帅的瓦德西。施里芬是瓦德西的后任，任参谋总长的时间是1891年至1906年，共15年时间。

阿尔弗雷德·冯·施里芬出生于1833年，早期曾学习法律，后从军。1853年作为一名服役期限一年的志愿者加入第一禁卫枪骑团。1854年12月调服正规军，并被任命为少尉。从1858年以后的四年里，在军事学院学习。1865年，施里芬进入德国总参谋部，一直工作到退休。

施里芬的仕途算得上一帆风顺，自战争学院毕业之后，他的才华便为参谋本部的高层所重视。当时的参谋本部下属有若干局，其中地位最为重要的当数军事历史局，军事历史局从来被视为参谋总长的智囊，其局长也被视为未来参谋总长的候选人。1884年，在老毛奇的支持下，施里芬出任参谋本部军事历史局局长，先后担任了老毛奇与瓦德西的智囊角色，并于1891年出任参谋总长。因此，施里芬始终对老毛奇充满敬意与崇拜，并以老毛奇、克劳塞维茨的学生自居。

俾斯麦所缔造的统一的德意志帝国改变了整个欧洲的政治格局，老牌欧洲强国无不对之恨之入骨，必欲除之而后快。同时，德国地处欧洲中心，列强环绕，战略上处于不利地位。因此，在德意志统一不久，德国参谋本部便开始着手研究如何应对未来全面的欧洲大战。

对德国威胁最大的莫过于东面的俄罗斯、西面的法国与海上的老牌强国英国。对于陆军而言，欧洲战争意味着同时与法国和俄国作战。因此，参谋本部研究的课题便是如何同时打赢两场战争。瓦德西曾经于1887年提出固守西线、集中力量打击俄罗斯的战略方案，为俾斯麦所否决。

而后来的施里芬计划还是当初法国逼出来的。1870年，路易·拿破仑皇帝的法国政府，由于对普鲁士宣战而自我毁灭。普鲁士人在他们共同边境的战斗中摧毁了法军，然后长驱直入，包围和攻陷了巴黎。当时，为了消除任何未来的法国军事威胁，新统一的德国并吞了阿尔萨斯，和包括要塞城市梅斯在内的洛林的一部分，使法国暴露于未来的入侵前面。

为了应对战争，法国军事工程师想了一个办法，就是以沿着241.4千米法德边界存在的四个城市为中心，构筑了一系列堡垒。东南从瑞士的坚不可摧的屏障阿尔卑斯山开始，坚固的混凝土堡垒从贝耳福、厄比纳尔、土尔和凡尔登伸展开来。在厄比纳尔和土尔之间设计了一个宽阔的缺口，作为准备敌人进入的巨大陷阱，然后用从掩护得很好的混凝土箱形掩体中发射的交叉火力加以歼灭。凡尔登以北约32千米，就是卢森堡、比利时和崎岖的阿登森林。从这一方面来说，法国的防线也是被逼出来的。

施里芬在辅佐老毛奇与瓦德西时，便对法国与俄罗斯进行了深入的研究。经历了拿破仑战争的法国，虽然在普法战争中失败，并失去了盛产铁矿的阿尔萨斯和洛林，其陆军却雄风不减，在欧洲处于领先地位，是统一的德意志帝国在欧洲大陆上最大的敌人。反观俄罗斯，虽有600万常规部队，但装备落后，战略思想仍旧停留在冷兵器时代。当德国的克虏伯大炮、毛瑟枪已经驰名世界，德国参谋本部正在着重研究马克沁机枪的价值时，俄罗斯的士兵不少还以绑了尖刀的木棍作为唯一装备。同时，俄罗斯广阔的领土、落后的铁路网和老化的战争动员机制使得俄国的战争反应速度大打折扣。

道高一尺，魔高一丈。面对着法军这种难以克服的棱堡，仔细研究了双方力量对比之后，施里芬产生了一个大胆的构想：利用德国兵力动员迅速的优势，先行击败法国，而后回头集中力量对抗俄罗斯。施里芬判断，俄罗斯落后的军事动员体制使得俄国至少需要六到八周才能完成对德国的军事集结。而在这段时间内，拥有老毛奇时代主持修建的密集铁路网，德国完全有能力迅速完成军事集结并打败法国。这就是“施里芬计划”的基本战略思想，以三个字来概括，就是“时间差”。

施里芬设计了一个通过广阔的比利时平原入侵法国的战略。这个小小的工业化国家，提供了一条由铁路、公路、河流和运河组成的便利的通路，而且它和法国的边境是不设防的。

德国可以派出由79个师组成的右翼，以闪电战方式经过比利时进入法国，后面马上由战时后备军之类的第二后备军跟上来。由八个师组成的较小的左翼，将留在法德边界。像一扇巨大的旋转门一样，德国人在这个绕着枢轴旋转的运动中，将一直横扫到法国沿海地区，从北面、西面和南面包围巴黎，然后转向东面。

如果法国士兵离开他们的洛林要塞，把八个德国固定师赶向莱茵河，这样就更好了。在这样的情况下，东进的德国人将从后面来攻打法国人。法国的要塞炮只面对德国，不能转向西面来对付从法国方面进攻的德国人。

施里芬制定的战略，包括一支十万人的英国远征军“和法国人协同作战”在内。考虑到俄国的原始铁路系统会造成蜗牛般步伐的动员，施里芬只在东线安排十个师以推迟沙皇部队的前进，直到法国被压倒为止。

1891 年，也就是出任德军参谋总长的第一年，施里芬便提出了一份“备忘录”，被称为第一号备忘录。在这份备忘录中，施里芬采用了军事学家所罕见的“剧情排演”的方式，推演了未来欧洲大战的基本过程，提出了“时间差”的战略构想与实施方案。之后，施里芬又在 1892 年和 1894 年提出了第二、第三号备忘录，这三份备忘录，便是“施里芬计划”的基本雏形。此后，在任期内，施里芬主导进行了对未来战争的无数的演习、沙盘演练与讨论，对备忘录进行了反复的修改。1905 年 12 月，施里芬完成了最后一份备忘录，并于 1906 年亲手交给了继任者，老毛奇的侄子小毛奇，至此，完整的“施里芬计划”终于成形。这一计划真是相当神奇，充满着科学的筹划和天才般的思维。

1913 年，80 岁的施里芬已经奄奄一息，濒临死亡，他仍一再叮嘱：“必有一战时，切莫削弱我的右翼。”

但是施里芬计划却被他的继任人，谨小慎微的小毛奇将军改变了，以应付他认为是不同的情况。他不去加强右翼，反而减少右翼的实力三分之一，在左翼增加了八个师——此举对法国是幸运的。由于其他障碍和延误，小毛奇缩短了以梅斯为枢轴而转动的德国人侵战线，以致他的部队开到巴黎的东面而没有加以包围。几个星期后，当德国人企图用正面突击攻占巴黎时，他们在马恩之战中被击退了。天才的施里芬计划是否万无一失，并没有得到验证，但是人们所知的是，战争形势却因此发生了微妙的变化。

04 假道伐法
——比利时之殇

◇ ……………

比利时是一个标准的中立国。作为中立国，首先是不参与战争，不去侵略他国，也免受他国的侵略。在比利时存在的 83 年中，阿尔贝国王的国家从未打过一次仗，因为在这个“永久中立国家”，人们喜欢和平美好的生活，军国主义是被人看不起的，直到 1910 年为止，比利时的军队甚至没有一个总参谋部。但是，事情不得不随着德国爪牙的指向发生变化。

在德皇威廉的恫吓下，比利时政府被迫在 1913 年采取征兵制，这一措施更加降低了人们对军队的本来不高的尊敬。阿尔贝国王新动员的军队由 16. 5 万人的部队组成，其中大约半数部署在列日和布鲁塞尔之间。比利时的战略依靠列日和那慕尔的炮台推迟敌军的前进，直到法、英军队能够到来。列日指挥官热拉尔 · 勒芒将军，得到派来的后备军的增援，使他的兵力达到四万人，并奉阿尔贝之命，防守列日，决不撤退。

比利时能否在法、英军队到来之前，抵挡住德国疯狂的进攻呢？可想而知，列日的战略地位是非常重要的。

一、德国的入侵和比利时的抵抗

德国的陆军历来强悍，德国的复杂的铁路系统就由陆军设计和发展而来，在建设过程中以及战时，每一条线路都有军官监督。从铁路区段到最短的支线，未经参谋总长批准，是不能铺设或改动的。通向西部边界的双轨，每天可容550列列车通过莱茵河的桥梁；在20天内，他们用11000列列车，运送了300多万人。在战争的最初两周，每十分钟，就有一列长长的运兵列车通过科隆的桥梁，轰轰隆隆的火车的声响震彻河谷。这个国家如此朝气蓬勃，但又如此危险。

虽然荷兰的中立使之在道义上不能侵犯，但德国却不管这些，派遣出120多万士兵准备形成横扫比利时和卢森堡、进入法国的旋转的一翼。德国只是从这里路过，这巨大的人流得通过一块大约120千米宽的地区前进，如果比利时人抵抗，德国是不会客气的。在德国人入侵的时刻，他们开始枪击平民，以报复冷枪狙击。人质都被兜捕起来处死；房舍遭到炮击或烧毁。如果发展成为逐屋战斗，野炮立即把村庄夷平。毛奇当然知道自己的凶残，但胜利的希望使这些变得崇高，在他写给康拉德将军的信中说："我们在比利时的进军肯定是残忍的，但我们是在为我们的生命而战，谁挡路，就必须自食其果。"

但是德国的时间非常紧迫——前进部队按照规定必须在法国有时间充分动员之前把它压倒。

列日是比利时的战略要地，不攻克列日，入侵比利时是不能成功的，在这个坚强设防的入口的那一边，横着广阔的平原和法国。有四条来自德国的铁路线在这个战略城市集中，然后扇形展开。列日建在横跨默兹河的一个高高的斜坡上，对所有的通道都一览无遗。12 座威力强大的炮台——河的两边各有六座——把一块直径约 16 千米的地区围了起来。它们的相互支援体系受到各座炮台之间约五千米缺口的限制，但在需要时候派出机动部队，被认为是有效的代替物。

1914 年 8 月 4 日早晨，德国前进部队逼近默兹河上的维塞，正好发现桥已被炸毁，比利时士兵都聚集在西岸。统率两个骑兵团和六个步兵旅的奥托·冯·埃米希将军，立即选择了一个适当的变通办法。两个骑兵团向南疾驰约五千米，涉水过河。维塞的比利时守军生怕被围，迅即朝南向列日撤退。傍晚，德国步兵也在维塞渡过了默兹河，向堡垒进发。

德国充满野心的战略设想是几乎不停顿地通过比利时，预计没有或很少抵抗。但是显然，他们低估了比利时人抵抗的决心和要塞上防御工程的坚固程度。

二、比利时的挣扎与沦陷

德国的盲目必须在列日碰壁。

首先，勒芒将军留下2.5万名要塞部队，派了一个师去加强位于掩护布鲁塞尔的热特河畔的阿尔贝国王的军队。其次，列日的堡垒值得称道，它是由一位杰出的军事工程师亨利·布里亚尔蒙特将军设计的，在1913年完成之前花了大约25年时间。它是由装有装甲炮塔的，形状像平坦的三角形小孤山的钢筋混凝土构成，拥有400件武器，从机枪到203毫米大炮都有。这个结构本身的设计，是要经得起包括各种尺寸的炮弹的轰击。三角形的每一角，都装备着较小口径的速射炮的炮塔。每座炮台的周围，都是十米深的干燥的深沟；加上强光的探照灯，以防止夜间的奇袭。这些灯和重炮一起，可以降到地面以下，那里有地下坑道把整个系统互相联系起来。所有的大炮都俯视着由德国来的四条铁路，坚固地把守着一方土地。

冯·埃米希仍然抱着不战而屈人之兵的打算，认为比利时人会不战而降。他派了一位使者打着休战的旗帜，要求列日投降；否则的话，他宣称，这座城市将遭到空袭。勒芒服从他的国王的命令，对德国人的威胁表示拒绝。

于是，德军的大炮开始狂轰东面炮台和城市本身，但对于坚固的防御工事来说，仅仅削去一些混凝土而已。第二天，从附近的科隆起飞的用内燃机推动的齐柏林飞船飞临上空，丢下13颗炸弹，炸死了九个平民。这样，战争范围开始有了新的扩大。

德国的军队潮涌般地反复冲锋，特别对东面的弗莱龙炮台和埃夫涅炮台的进攻尤其猛烈，但是都被火炮和机枪的联合火力所击退，炮台前的尸体堆积到齐腰高。所有默兹河上在列日南面和北面的桥梁都已被毁，企图用浮桥渡过默兹河的部队遭到炮火的扫射，大部分进攻都遭受夭折，只有德军的一次突击可算部分成功。当德军第 14 步兵旅的指挥官被杀时，他的部队遇到第 2 集团军的副参谋长埃里希·鲁登道夫将军，这位将军立即担任指挥。第二天夜间，鲁登道夫率领他的部队，经由弗莱龙和埃夫涅之间的缺口进入列日。但是炮台仍都在比利时人手里；列日已被入侵，但还远没有被攻克。

比利时人的决心如此，那么，德国对炮台连续进行炮兵和步兵的突击都无效果是完全可以释然的。

8 月 10 日，冯·埃米希攻占了第一座炮台，然后，在接下来的一天内，第二座炮台也陷落了。德国人于是搬来一门大炮，它将使炮台化为瓦砾，并使举世震惊。到那时为止，英国的 340 毫米的海军炮，是这种炮中间最大的。但是克虏伯的军械工人，设计了一门 420 毫米的攻城榴弹炮，可以把一吨重的炮弹射到 14 千米外。每颗穿甲弹有一个定时信管，只在目标被穿透后才定时爆炸。这门榴弹炮是一种巨型炮，绰号“大贝尔塔”，相当吓人，是以弹药制造者的妻子贝尔塔·冯·克虏伯的名字命名的。

随后的五天中，12 座炮台中的 11 座遭到连续猛轰后屈服了。那天晚些时候，勒芒指挥部所在的隆森炮台，被直接命中而摧毁，

他本人也被打昏。同平民比起来，他受到胜利者的尊重对待。冯·埃米希拒绝取下勒芒的军刀，还接受代他带个信给阿尔贝国王。8月20日，胜利的德军开进布鲁塞尔。

勒芒的抵抗虽然最终失败，但他对德国的阻击，却起到了一定的作用。在德国看来，对比利时的全面入侵只比预定时间晚一天或两天，但是包括战斗的这几天，正好给英、法一些准备的机会，虽然贡献很小，但也不可小视。比利时作为中立国不得不参与到协约国的阵垒中来，共同对付金戈铁马的德国。

05 插入法国的镰刀

——马恩河两岸的交手

◇

由于比利时军队的顽强抵抗，德军在列日要塞被阻三天，直到20日才占领布鲁塞尔。自然德军就可以在比利时所向披靡了，与法军的相遇也是马上就要到来的事情。

德国有施里芬策划几十年并且经过十多次推算的作战计划，而法国也并不会毫无准备。自从普法战争失败后，法军就一直视德国为眼中钉、肉中刺，一直在寻求报仇的方法。自1872年起，法军就开始制订了一个又一个的对德作战计划，到开战前已有17个计划之多。最新的计划是由法军总参谋长约瑟夫·雅克·霞飞将军制订的，即“第17号计划”。该计划的核心内容是认为德军将集结在设防巩固的法德边境线上，因此法军要在这里展开积极主动的攻势，并一举收复在普法战争中失去的阿尔萨斯和洛林两省。

最终，战役将在边境的马恩河的两岸打响，并且这首次的交锋，注定会非常激烈。

一、政府从巴黎迁走

1914 年 8 月上旬属于边境之战。在这一个月里，德国与协约国之间分别打了四仗，差不多有 350 万部队参与，并且不超过十天就结束了，德军沉重地打击了协约国的主力部队。德国最高统帅部已习惯于几乎时时刻刻收到捷报了。法国第 1 集团军和第 2 集团军非常急切地想要收复他们失去的省份，在 8 月 14 日越过边界进入阿尔萨斯和洛林两省，结果又被赶了回来。

于是，法国第 4、第 5 集团军和英国远征军于 9 月初撤至马恩河以南，在巴黎至凡尔登一线布防。霞飞将军动用了他的“第 17 号计划”，组建第 6、第 9 集团军，分别部署在巴黎外围以及第 4 和第 5 集团军之间，准备实施反攻。德第 1、第 2 集团军为追歼法第 5 集团军，偏离原定进攻方向前出到巴黎以东地区，暴露了第 1 集团军的右翼。德军总参谋长毛奇获悉法军即将反攻后，于 9 月 4 日命令第 1、第 2 集团军在巴黎以东转入防御，第 3、第 4、第 5 集团军南下，协同从东面进攻的第 6 集团军合围凡尔登以南的法军。但德第 1 集团军司令亚历山大·冯·克卢克拒不执行命令，继续率军南下，形成有利于联军反击的态势。同日，霞飞命令法第 5、第 6 集团军和英远征军对德第 1、第 2 集团军实施主要突击，法第 9、第 4 集团军牵制敌第 3、第 4 集团军，法第 3 集团军在凡尔登以西实施辅助突击。此时，在巴黎至凡尔登一线，联军 66 个师 108.2 万人对德军 51 个师 90 万人；在主攻方向上，联军兵力是德军的两倍。

但是，法军却在统帅部的大意之下，忽略了很重要的东西，那就是充分的侦探工作。因为霞飞的简单设想，部队不多的德军不能在卢森堡之西前进，所以法国的第 3、第 4 和第 5 集团军，奉命于 8

月22日经由阿登森林前进。法国统帅部深信，德军将避免困难的阿登地形；结果，就没有想到要为全面战斗进行侦察或任何其他准备工作。德国却是非常细致，前进部队对阿登森林进行了侦察，并在主力进入森林时布置哨兵。侦察告诫他们，法军正在迫近。在一次侧翼进攻中，德军攻击了毫无戒备的法军，迫使他们在第二天赶快撤退。

8月22日至23日，在蒙斯之战中，克卢克将军的第1集团军，除了击退赶向这个地区支援比利时人的法军外，还击退了英国远征军。在桑布尔河，法国第5集团军被德国第2集团军和第3集团军联合击溃。最激烈的战斗集中在四天之内，即从8月20日到8月23日。十天内法国的伤亡人数共达30万，损失极大。

前几天的战斗表明，“第17号计划”非常糟糕。在洛林，法国第1集团军和第2集团军在进攻萨尔堡和莫朗日两地德军的防线中，被打得焦头烂额。右翼德军在占领了比利时后，其五个集团军的近百万人马，像一把挥舞的镰刀，从比利时斜插入法国。走在最右面的是克卢克指挥的第1集团军，约30万人，被视为右翼的主力和向巴黎进军的主攻部队。该集团军于8月24日由比利时进入法境。8月25日，德军攻占那慕尔。霞飞为阻滞这支德军右翼部队的前进，从洛林战场调集兵力，组建了法国第6集团军，由毛奴里任司令。

与此同时，德军正在南向马恩河和巴黎前进，打击他们路上遇到的任何协约国部队。8月26日，克卢克的第1集团军在勒卡托之战中突袭英国远征军，迫使它进入疲惫的后卫战。三天后，德国统帅部从科布伦次迁往卢森堡。

9月2日，德军克卢克集团军的先头部队已挺进到距巴黎仅有24千米的地方了，霞飞指挥的法军主力为阻遏德军右翼所作的努力已告失败。巴黎人心惶惶，法国为了安全起见，把政府迁往波尔多，可以说是非常狼狈。

然而，克卢克并没有直接向巴黎前进，而是向东旋转，以配合比洛指挥的德第 2 集团军围歼法第 5 集团军。这样，德军旋转战线上的侧翼就要从巴黎的近边经过，并且还要横越法第 6 集团军的前方。霞飞当时还不能迅速把握这个机会，他还是命令部队继续后撤，但是巴黎卫戍司令加利埃尼将军马上看清楚了这一点，他兴奋地命令毛奴里统帅的第 6 集团军准备攻击德军的右翼。他又打电话给霞飞，请他批准攻击行动，但霞飞没有表态。加利埃尼又驱车驶往英军司令部，希望赢得他们的支持，但英军参谋长对攻击德军右翼的计划不置可否。

二、加利埃尼的战略眼光

9 月 3 日晚，克卢克抵达马恩河，而他所追赶的法第 5 集团军和其外侧的英国远征军已在当天早些时候渡过了马恩河。这两支仓促退却、陷入疲惫和混乱之中的部队，虽曾一再接到炸毁桥梁的电令，但都未去炸毁。克卢克占领了这些桥头堡之后，不顾柏林最高统帅部要他与比洛的第 2 集团军保持齐头并进的命令，准备立即于次日清晨渡河，继续他追逐法第 5 集团军的行动。这一天，克卢克集团军的官兵们行进了近 48 千米，德军士兵到达马恩河北岸附近时，许多人倒在地上，疲惫不堪。

克卢克的急行军，累垮了他的士兵，也远远地超越了他的给养车队和重炮队。在他看来，法军在节节败退的情况下，决没有一声军号便可调头来攻击他的士气和能力。但是他没料到加利埃尼正等着他的疏忽大意。

加利埃尼是一位富有想象力的战略家，他的无限精力使人看不出他已 65 岁并年老体弱。以前他担任过马达加斯加总督，霞飞在那里曾是他的部下。他对巴黎这座一半已经荒废的城市，表示不离不弃，要承担保卫巴黎和抵抗入侵者的责任。

在 1870 年巴黎被普鲁士军队围城时，饥民吃动物园里的动物和家里供玩赏的动物，加利埃尼在这个城市的体育场跑道上和公园里，养满了牛、绵羊、猪、山羊和马。乘机牟利是被坚决制止的，对可能资敌的任何机器或设备，都作出了迁移的安排。不但在埃菲尔铁塔下面，而且在横跨塞纳河、瓦兹河和马恩河的80座桥梁下面都埋藏了炸药。

加利埃尼通过有效的组织，几小时内，一小支由士兵组成的队伍开始构筑堑壕和路障，并增援周围的炮台。但是，加利埃尼本人并不满足于仅仅防守巴黎。一位飞行员报告说，德军纵队正在改变他们的进军路线。第二天清晨，空中侦察和骑兵侦察都证实，德国人的确修改了他们从正面攻击巴黎的计划，已经转向首都郊外的东南郊。对地图的简短研究后加利埃尼认为，德军的新路线提供了一个侧翼攻击的大好机会。

克卢克越来越膨胀，9月4日，一面向前挺进，一面直言不讳地告诉最高统帅部，他无法执行要他留在后面作为德军第2集团军侧卫的命令。要等比洛的德第2集团军赶上来，势必停止进军两天，他认为这将削弱德军的整个攻势，给法军以重振旗鼓、自由行动的时间。事实上，比洛的第2集团军也同样疲惫不堪。于是，克卢克把最高统帅部的命令摆在一边，继续向东南推进，换言之对于巴黎是越走越远了。

这个时候，在柏林，上至德皇，下到普通老百姓都开始狂欢了，因为他们认为法军即将被彻底消灭，德国的胜利即将到来。只有总参谋长小毛奇在怀疑法国人是不是在有计划地撤退。

克卢克部队向巴黎东南方向的冒险挺进，已使他的殿后部队成了毛奴里的法第6集团军和英军进攻的目标。上午9时，在还未取得霞飞同意的情况下，加利埃尼就向毛奴里发布预令，让他先做好战斗准备。然后他给总司令部打电话，请霞飞下达攻击的正式命令。但霞飞未置可否，似乎他也特别能够沉得住气。

战事越来越急切，处于胶着的状态，但似乎等着那一刻的爆发。

06 改变施里芬计划的代价
——德军首尝失利

◇……………

约瑟夫·霞飞的沉默是一贯的，在长期的军官生涯中，他已经养成了这样一种习惯。这个过于沉着的人，可以一言不发地坐在椅子上整日地思考，而不管别人议论他什么。霞飞那种海龟似的镇定自若，使那些感到在战斗最激烈时刻需要迅速作出决定的人怒不可遏。虽然形势到了紧要关头，霞飞却继续每天至少要吃两顿美餐，并且为了晚上入睡不受干扰，他保持他的晚上10时整就要休息的习惯。很少有一位将军敢于拿

任何消息来打搅他。

霞飞的优柔寡断使法军感到迷惑不解，但是还好，加利埃尼的有效准备给巴黎带来了一线生机。

一、霞飞的犹豫

战争发展到此时，德国最高统帅部和其军队之间的距离拉长，无线电通讯变得更加杂乱了。在战争的那些早期日子里，德国最高统帅部限用一架粗制的不用电线的接收机，第1集团军则限用一架发报机。结果，只能拍发最紧急的电讯。野战电话系统也并不发挥较多作用。它不是为长距离通讯设计的，而且破坏活动和事故损坏造成通讯的不断混乱。所以，克卢克作出的很多决定的原因正是无法快速联系上毛奇而又不能贻误战机。

但是法军在通讯上就占到了优势。撤退中，法军不但能利用缩短距离的野战通讯设备，还能利用他们的民用电话系统。而在法国的防务中，巴黎长期以来起着战略作用。所有主要铁路线都集中和通过这一政治文化中心，它由14座内层炮台和25座外层炮台环绕保护着。但在法军被迫退到桑布尔河以前，很少想到要保卫巴黎。四个师和一个本土军旅，一个独立骑兵旅和有72门大炮的六个炮群，组成了巴黎驻防军队。

当五个德国集团军逼近巴黎时，同德国最高统帅部的时断时续的无线电联系突然中断了。除一起前进的第1集团军和第2集团军外，没有一个指挥官能准确地知道其他集团军的方位，现在毛奇改变施里芬计划的行动不得不开始付出代价了。原来计划的这个战略，是故意削弱德军的左翼，引诱法军右翼从筑垒的堑壕出击，然后转而受到绕着轴线旋转过来的德军右翼从背后的攻击。但面对法国堡垒系统的在左翼的德军将领，劝说毛奇加强他的队伍，这一违反施里芬计划的改变，却使法国士兵安全地守在他们的地下据点里。毛奇还抽调了两个军到东线去对付俄国人，从而削弱了他的右翼。

从古至今，入侵是一个庞大的突然袭击的车轮运动，最外层的部队必须竭尽全力，较快和较猛地冲向前去，才能和内层的部队相呼应。缺乏作战情报的克卢克，只有一个模糊的概念，即他是在什么地方同协约国军队对峙，他完全不知道法国第 6 集团军正在迫近他的右翼，却接受比洛的建议，由他们实行联合的向内旋转的扫荡，以袭击法国第 5 集团军。当克卢克和比洛向巴黎的前面和东面前进，而不是在巴黎的后面和西面前进时，施里芬计划又被进一步歪曲。这次调动还缩短了德军的右翼约 129 千米。

9 月 3 日的时候，加利埃尼曾派了一个使者去见霞飞，告诉他这个有利形势，并争取他同意反攻，但是加利埃尼对霞飞作出决定的能力感到绝望，他只好亲自乘车驶往英国人驻防的默伦，希望赢得他们的支持。而英国指挥官约翰·弗伦奇爵士却不在指挥部。不仅他不在，连他的参谋长也不在。接着出现了异乎寻常的情景：对他们这一个月的败绩感到焦躁和苦恼的英国参谋人员，鲁莽地告诉加利埃尼说，如果英国稍微知道法国人在军事上的无能，它决意不会参战。恼火的英国人没有心绪作出有鉴别力的判断，而加利埃尼的外貌又不像军事人员，他从一副夹鼻眼镜斜眼看人，在他争辩着想争取英国人的支持时，眼镜不牢靠地颤动着。当参谋人员注视着他的不整洁的制服、蓬松的小胡子、黑纽扣的长筒靴和黄色的护腿时，便更加怀疑他了，不跟他做过多的交流。但是不久，弗伦奇的参谋长阿奇博尔德·默里回来了，他告诉加利埃尼，在约翰·弗伦奇爵士不在的情况下，无论如何不能作出决定。加利埃尼徒劳地等候英国指挥官回来，浪费了宝贵的三个小时。他离开时除了过后再打电话来的诺言外，一无所获，而过后再来电话这句话等于承认，英国人将在第二天继续退却。

而英国人的这个决定的部分原因是因为霞飞打电报给英国指挥官，建议他们退到塞纳河后面，如果德军继续朝着东南偏南方向运动，那么他们在这里会最有效地抗击德军。

霞飞到底在想些什么呢？

二、加利埃尼的奇兵

其实，霞飞也是有反攻计划的，而且计划里也包括使用毛奴里的第 6 集团军进攻德军右翼外侧这个打算在内。霞飞希望再有一天时间，好让增援部队赶到，让第 5 集团军作好部署，让他有较充裕的时间争取英军的配合。

9 月 4 日一早，加利埃尼的电报就被放在霞飞面前，他请求霞飞批准毛奴里的第 6 集团军部署去攻打德军。霞飞面对作战地图，思考着。下午，当加利埃尼又打电话来时，霞飞终于批准让毛奴里的第 6 集团军从马恩河北岸发动进攻，并且于当晚 10 时下令法军其他部队停止后撤，于 9 月 6 日开始发动全面反攻。

但是，英国人拒绝执行这项反攻计划。这终于让霞飞着急了，亲自于 9 月 5 日下午前往英军司令部说服英军司令弗伦奇爵士。最终，弗伦奇答应了霞飞的要求，并表示将“竭尽全力”参加战斗。

9月5日正午，克卢克集团军经过巴黎东面。当德国人可以望见高高的埃菲尔铁塔时，他们的右后方侧翼受到毛奴里集团军前进部队的袭击。英国人在南面隔得太远，不能立即形成威胁，所以，克卢克从这方面调了两个军去加强挣扎着想抵挡法军的那些军。一支单薄的骑兵屏护部队，被用来接防面对英军的32千米宽的缺口。毛奴里要求增援——这一要求启发加利埃尼组织战史上第一支摩托化纵队，即马恩出租汽车队。

准备战斗的第7师刚刚到达巴黎，但没有通向前线的铁路运输可用，甚至用急行军的速度赶到那里也太迟了。加利埃尼想出了一个非常聪明的办法，他命令征用所有机动车，包括出租汽车在内。于是，在巴黎的各个地区，警察停住了出租汽车，命令乘客下车。最终，他们征用了大约700辆汽车。整个夜间，两汽缸出租汽车不断驶往前线，只走了两个来回，整个师就输送到了前线。德军立即感到对他们后侧翼的压力加剧了。要是加利埃尼再得到他几天前迫切要求的两个军的支援——但他们只是零零星星地开到——马恩以南的德军可能就全部被包围起来。

虽然克卢克全神贯注于击退毛奴里的兵力，南面32千米宽的缺口却使弗朗歇·德斯佩雷的士兵得以打击比洛暴露的侧翼，那时克卢克得悉英军正在迫近毛奴里和德斯佩雷之间缺口的中心，这是使他计划退却的一个信号。弗伦奇将军和他的部队于9月9日到达。

统率在东面面对法国的德国第6集团军的鲁普雷希特皇子，无法援助在马恩的入侵者。土尔和厄比纳尔法国炮台的威力强大的大炮，在奥古斯特·迪巴伊和诺埃尔·德卡斯特尔诺将军的第1集团军和第2集团军支援下，打死了大部分巴伐利亚人，迫使这位皇子于9月8日通知德国最高统帅部，他的军队不能再前进了。

面对凡尔登东北萨拉伊将军的第 3 集团军的是德国威廉皇子，他的遭遇也不怎么好。从凡尔登炮台发射的势不可挡的炮火，迫使威廉皇子的第 5 集团军停止前进。其他两个德国集团军，即维滕贝格公爵统率的第 4 集团军和马克斯·冯·豪森将军统率的第 3 集团军，在圣贡沼泽地带遭到德朗格尔·德卡里将军和费迪南·福煦将军部队的痛击。

这种战斗很多是令人发愣的一系列残酷的游击战，在小村庄里打进打出，受惊的居民发现他们已被交叉火力截住。德军不能得到他们十分需要的胜利，于 9 月 8 日拂晓，对福煦的军队发起大规模的白刃战。法国至少有一个军被迫退却，但法国炮兵对德国坚固的密集队伍进行了猛烈的轰击，德军的尸体在战场上堆积如山。

接下来没多久，德军就从马恩地区开始撤退了。到了 9 月 11 日下午，已成为普遍的和持续的撤退，那时德军到达埃纳河北岸事先选好的阵地。马恩之战，大都由沿着约 322 千米前线无数凶猛的、短促的、混乱的冲突和战斗组成。在战斗期间和 88 千米的退却中，德国因被俘获而造成的损失，共达 1.5 万人和 40 门大炮。然而尽管有所损失，德军还是退得井井有条，成功地击退了协约国的追兵。

三、德军的失利与堑壕战的开始

马恩河会战就这么以德军的失败结束了。协约国军粉碎了德军的速战速决的计划，保住了巴黎，遂使第一次世界大战中的西线战场形成了胶着状态。这场会战的战略性结果十分巨大，德国人丧失了其优先击败法国再转过身来对付俄国的唯一机会。

在这场会战中，交战双方先后投入 150 万的兵力，伤亡人数总计在 50 万以上。其中，法军损失 25 万人，英军损失 1.3 万人，而德军损失 22 万人。自大战爆发后的一个多月的时间内，德军遵循施里芬制定的基本方针，迅速穿越比利时领土向法国本土挺进。那时整个德国，甚至几乎全世界，都深信德军会很快胜利，巴黎即将被占领。然而，当德国人的胜利似乎唾手可得，法国人的灾难迫在眉睫时，协约国军却在马恩河畔转败为胜，因而被人们称为“马恩河畔的奇迹”。

马恩河会战的失败，使德皇威廉明白法军并不是那么容易被一举歼灭的，他的自负也受到挫伤。毛奇却非常绝望，因为这一场败仗粉碎了德军不可战胜的神话，他要对这次大战负很大的责任。由于毛奇保证鲁普雷希特皇子的巴伐利亚人将攻占南锡，威廉带着一队衣着灿烂、头戴华美盔帽、身上穿有浮雕胸甲的白色和金黄色制服的胸甲骑兵，等待举行他的入城仪式。但是，法国炮兵用致命的准确性扫射着每一次进攻的潮涌般的人群，甚至毛奇也被这种屠杀吓呆了。9 月 11 日，他下令鲁普雷希特停止这种自杀性的冲锋。南锡依然未被攻克。

心情沉重的毛奇在第二天写信给他的妻子，信中表达了自己的担忧和愧疚：“形势大坏。巴黎东面的战斗对我们不利……战争开始时给我们的巨大希望已经粉碎……我们最后将在两线作战中疲于奔命！这同我们这个战役的辉煌的开端真是天差地别！现在这是个痛苦的幻灭，我们必须对这场浩劫付出代价。”

德军中士气依然良好，但是绝望的惊慌却严重地支配着大部分的领导人。最高统帅部惊慌得最厉害，毛奇完全垮了，他坐在那里，苍白的面孔凝视着地图，对一切感觉都无反应，成了一个绝望的人。因为这次失利，毛奇丢脸地被免去德国最高指挥官之职，他的前途没有了。他这个时候才惶惶然想到，如果约翰·弗伦奇爵士听从加利埃尼立即采取联合行动的建议，马恩之战会以德国人的惨败而告终，而现在看来德军败得还不算惨烈。但是，尽管如此，毛奇再也不能在战争中发挥到较大的作用了。

施里芬计划曾规定，要有 97 个师才能征服法国，其中的 79 个师组成经过比利时的庞大突击旋转运动。毛奇却派 78 个师到西面，53 个师进行旋转的攻击。他还调四个师去东线，进一步削弱了这支部队。一项天才的计划就被错误地执行了，而毛奇虽然被撤职，但由于他的错误判断，德军在以后还要付出巨大的牺牲。

马恩河会战后，西线战场就形成了胶着对峙的局面。在你来我往的攻防中，双方都加强了防御。交战双方纷纷深挖堑壕，加强掩体，设置带刺的铁丝网，以构筑固定阵地。最初双方的堑壕就是草草挖出来的壕沟，但是随着战争的发展，指挥人员和后勤力量也深入到堑壕里，进行指挥和补给。因此，堑壕被不断地加深加宽，防御体系变得越来越发达。到第一次伊普雷战役结束时，从瑞士边界一直延伸到大海的 600 多千米长的战线上，横亘着一条布满堑壕、隧道、掩蔽所和铁丝网的坚固防御线。

堑壕网的出现使得作战越来越有利于防守方，阵地之间荒凉的无人地带，被无数黑洞洞的枪口虎视眈眈地瞄准着，攻击部队只要出现在无人区，他们就会被对方战壕内的敌人清楚地看见，那些埋

伏在防御工事后面的机枪手就像狂风扫落叶一样，将进攻士兵的生命轻易地夺走。因此，夜晚成了工作时间，白天则被用于休息和恢复体力。

堑壕和机枪彻底阻止了步兵的冲锋。以堑壕和机枪为核心的堑壕战登上了历史的舞台。对于联军来说，堑壕战是新鲜的。最初连挖掘工具都没有准备，需要掘壕固守时才去搜罗铁锹。部队也没有经过阵地战的训练，最初只是挖浅坑，以提供暂时的掩蔽。后来，壕沟挖到两米多深，还对壕沟进行了伪装和连通。

虽然堑壕战有很强的防守能力，但对于士兵来说则是噩梦。进攻者往往被机枪扫射夺走生命，防守者则必须与泥泞和脚气斗争。堑壕内的士兵几乎都会患上脚气病，其中“堑壕足”尤其普遍。

堑壕战对于德军来说也是新鲜的，他们的训练和装备本是用来打一场在六个星期内获胜的运动战，但他们很快就适应了这种新的战争样式。德军后来者居上，把自己的堑壕搞得比较舒适，相比之下，英法联军的堑壕却很简陋，远远不如德军。

07 狭路相逢
——坦能堡大战

◇ ……………

西线的战火在纷飞，东线也不平静。在这里，俄国同德国和奥匈帝国有一条共同边界，延伸1770余千米。那时是俄国一个省的波兰，形成一块402千米宽的突出部，这个突出部向西突出约322千米，在西部和西北部与德国毗连，在南部则与奥匈帝国邻接。它的西部边界离柏林只有约290千米。它的北面是东普鲁士，这块约129千米宽的德国领土夹在波兰和波罗的海之间。俄国一次胜利的大规模进攻，就能把它同整个德国切断。这使得德国必须重视这里的防守。

当然，俄国受阻于它超级缓慢的行军，以致德国有了一些机会积极部署。一场叫做坦能堡的大战即将在这里打响。至于为什么叫坦能堡大战，在后面自然会被提到。

一、边境线的防御与部署

不光德国方面有东普鲁士容易被切断，奥地利也有一个易受袭击的省份，那就是加利西亚，它的富饶土地被喀尔巴阡山脉同奥地利的其余地方隔开来。在法国帮助下制订的俄国军事计划，为两种可能性作准备。如果德国先进攻法国，俄国就同时攻打东普鲁士和奥地利的加利西亚，两面夹击，这样才容易取得胜利。另一个是防御德国先强攻俄国的防御型计划。

堡垒地带拱卫着东普鲁士，就是为了防止俄军越过波兰边境前进。东普鲁士沿着维斯瓦河上游和省会柯尼斯堡周围构筑了坚强的据点，再向前，穿过东部边境就是80千米宽的马祖里湖，成为严格限制俄国进犯道路的天然障碍。而奥地利准备也很充足，利用喀尔巴阡山脉，从克拉科夫经过伦贝格到罗马尼亚边境，设置了筑垒防御工事。在俄国和它的波兰省之间，在平斯克这个中心的周围，都是普里皮亚特沼泽，有六万平方千米的沼泽地、杂树丛和几条泥土道路。

德国的铁路系统一直都在为战争准备着，它包括17条通向东普鲁士的路线，可以每天行驶500列列车；这样的系统可以在短时期运送一支庞大的军队。多条支线从干线分叉到许多边境地区，以迅速调动部队应付突然事件。奥地利准备得也非常充足，修筑了七条铁路线经由喀尔巴阡山脉通向加利西亚，每天的运输量是250列列车。

铁路是俄国的弱点，俄国从主要内地城市到华沙只有六条铁路线，支线也太少，几乎没有军事价值，相比起来，弱了不少。而且，为了拦阻来自西面的入侵，俄国铁路的轨距比德国所用的轨距宽。边境地带，则故意让它成为被森林和灌木丛隔断的半荒芜荒地，未铺砌的道路下大雨时就变成一片泥浆。由此而造成的一个结果，就是当俄军走近这些边境地区时，它的运动慢得像运货马车的速度那样。这种运输系统使已经转动不灵的军事机器相当紧张。当没有准备的俄军经法国坚决要求，轻率入侵东普鲁士，以减少德国对西线的压力时，事情就将更糟了。

曾经担任过俄国参谋总长并将统率参战军队的伊凡·吉林斯基将军，在商议时向法国保证，动员后两星期，80 万俄军就会做好战斗准备。到了 8 月中旬，有 65 万多人已经准备就绪，这一业绩使德国人感到惊愕和担心。战争初期，德国在西线的节节胜利，让法国人非常慌张，他们连续恳求俄国打击敌人，以缓解自己的压力。

战火燃起的第二天，法国使者莫里斯·帕莱奥洛格就敦促俄国人在东普鲁士发动攻势。沙皇的伯父、总司令尼古拉大公，是一位专心致志的亲法者，他向大使保证说，“我甚至可以不等我的几个军全部集合，只要感到自己强大时就可以进攻。”然而，虽然热心，他却忽视了为他们的军队准备充分的食物、补给或运输工具，这简直不像作为一国的总司令的部署。

吉林斯基的兵力共计 30 个步兵师和八个骑兵师，分成两个集团军，由帕维尔·连年坎普夫将军统率第 1 集团军，由亚历山大·萨姆索诺夫将军统帅第 2 集团军。为了入侵东普鲁士，这两个集团军都必须走马祖里湖区域两边的固定路线，连年坎普夫沿着北部边界前进，于 8 月 17 日越过边境，萨姆索诺夫则预定两天后尾随前进，顺着南部边缘地区行进。

施里芬在马祖里湖方面花费了很多时间，在考虑对付这种类型调动的最有效措施。他命令，集中充分兵力对付最先出现的俄军，然后进攻另一支军队。这一战术十分简单出色，但是又被后人的执行给误了。东普鲁士统率德国第 8 集团军的马克斯·冯·普里特维茨将军，是一个懦弱的军官，在害怕作出决定的情况下，又获得不准确的情报，使他错误地分散兵力，然后对连年坎普夫的第1集团军进行正面攻击而不是进行侧翼攻击。这一战役发生于8月20日的贡宾南附近，而德军奥古斯特·冯·马肯森率领的第17军首当其冲。但是，这场战役却很快便因为德军的撤退结束了。

连年坎普夫将军担心被包围，在他将要退却之际，竟然发现德军已经撤退。而萨姆索诺夫同一天到达边境，他的部队和马匹饥疲交加，他的第2集团军显然不适合立即投入战斗。

当德国的普里特维茨将军得知这一消息时，他疑虑重重。他知道德国军队正在脱离战斗，退到维斯瓦河后面，有人建议正面交锋，认为一定会胜利，但是他没有理睬。这时候，马克斯·冯·霍夫曼上校草拟了一个进攻计划给普里特维茨的参谋长瓦尔德泽伯爵，即打击萨姆索诺夫的左翼。三个师将从贡宾南撤出，以加强当地部队。霍夫曼是第8集团军作战军官，很明显，他比他的同僚高明。他是参谋部的俄国问题专家，讲、读俄语都很流利。多年来他积累了关于他的敌人的丰富知识，特别是连年坎普夫和萨姆索诺夫之间的对立。于是，霍夫曼揣测，连年坎普夫又将拒绝援助萨姆索诺夫，这次他将在贡宾南地区逗留不前，德国的机会就来了。

德国截获了俄国人正在传送的非密码电讯，德国高层军官不能确认其真伪，但是霍夫曼曾经在满洲看够了俄国人的散漫情况，他不认为这是一项策略。他非常了解，俄国野战军队是没有密码或密码人员的，俄国高级统帅部似乎没有想到过需要训练担任这种任务的报务员。虽然霍夫曼有这种经验和才能，也提交了作战计划，但普里特维茨会听他的吗？

二、局势变得越来越复杂

霍夫曼是果敢而坚定的，普里特维茨当然会发现这一点，几个小时后，普里特维茨听取了霍夫曼的意见，并对他的计划大加赞赏。第二天，萨姆索诺夫的军队停止前进。两天后，普里特维茨正忙于为他的对付萨姆索诺夫的战役增添最后细节时，来自科布伦次德国最高统帅部的晴天霹雳般的消息，打击了第 8 集团军。

这是毛奇发来的一个电报，电文里通知普里特维茨，他和瓦尔德泽被新总司令保罗·冯·兴登堡将军和新参谋长埃里希·鲁登道夫将军取代。半小时后，第二个电报通知普里特维茨和瓦尔德泽退役，这好像是事后想起来的主意，普里特维茨接到电报时还没有从震惊中缓过神来。

普里特维茨非常留恋，但是也必须离开，8 月 20 日，他告别他的部下。但是，尽管普里特维茨在离开后曾经致电毛奇，但他并没有告诉他离开前对军队的部署。所以，军队里也没人把普里特维茨决定向萨姆索诺夫进攻一事打电话告诉毛奇。这是交流上出现的纰漏。但是普里特维茨的毛病实在是太多，这个宫廷宠臣的好吃的习惯要比他的军事才能有名得多，绰号是“胖家伙”，德皇喜欢听他讲故事和淫秽闲谈，所以赐他以高官。而毛奇十分厌恶他，一直以来就想把普里特维茨撵走，这次终于得逞。

接替瓦尔德泽成为第 8 集团军参谋长的是鲁登道夫，这还是因为他在列日转败为胜的原因。升迁之前，8 月 22 日，他正在那幕尔附近比洛的第 2 集团军中，德国最高统帅部希望他能够挽救东线的形势，对他十分信赖。于是，鲁登道夫立即坐了一辆参谋部的汽车，向科布伦次疾驰而去。在经过瓦弗的时候，他看到这个昨天还是和平城镇的美丽之地，正在燃烧着熊熊火焰。当他到达科布伦次的那天晚上，德皇和毛奇接见了他，对他简单介绍了情况。三个小时后，他乘坐一列专车开往东线。列车预定只在一个地方停车，就是在汉诺威，第 8 集团军的新指挥官将在那里和他会合。

第 8 集团军的新指挥官是兴登堡，这位将军在 68 岁时退役后再复役，被寄予了厚望。兴登堡没有被请去科布伦次对他介绍情况或和他磋商。接受任命后，他只从电报上知道要他去乘鲁登道夫的列车，列车将在黎明前到达汉诺威。

鲁登道夫新官上任，无意识地几乎使霍夫曼的计划流产，这个计划是他将要采纳和加以发展的。在离开科布伦次之前，他就通知第 8 集团军各军的指挥官，可以按照他们自己的主意作战，从而消除了普里特维茨的最后一点权威。在连年坎普夫战线的奥古斯特·冯·马肯森将军的第 17 后备军和奥托·冯·贝洛将军的第 1 后备军，放慢了他们向西撤退的速度，停下来休息了一天。当第 8 集团军的指挥部从阿伦斯泰因迁往兴登堡和鲁登道夫将在那里下车的马里恩堡时，又耽搁了一些时间。

8 月 24 日，弗里德里希·冯·朔尔茨将军的第 20 军在一次同萨姆索诺夫部队的小规模战斗中被打败，然后有一个师撤退到比较牢固的防御阵地。萨姆索诺夫误认为这种运动是第 8 集团军的全线退却，下令穷追，他的非密码电报被德国的信号兵截获了。实际上，朔尔茨并不面临直接威胁，因为萨姆索诺夫的部队非常疲劳，不能追击。据截获的无线电显示，有一个军在 12 天中，经过深没脚踝的泥土“道路”，已经跋涉了大约 241 千米。这给予了德国难得的机会。

马肯森和朔尔茨当然不会错过这个机会，他们意识到这是决定性的一击，就向南面退去，只留一个象征性的骑兵师，面对连年坎普夫的 24 个步兵师。两天内，大批德军通过高效率的铁路运往 161 千米外的西南方，有九个多师在面向东南的一条 113 千米弧线上重新集结。萨姆索诺夫向着故意加以削弱的中心进发，继续追击“退却”中的敌军，却不知道自己中了埋伏。当萨姆索诺夫开进那个软弱的、正在退让的中心时，德军的两翼已经加强，要对他的两个侧翼发动令他惊愕的打击了。

这时候，萨姆索诺夫收到了俄国侦察骑兵的报告，报告称德国的阵线暗示要进行侧翼袭击，但是他没有足够重视，只是减低了追击的速度。他把这个消息发电给吉林斯基，建议暂停前进。吉林斯基深信德军正在按照普里特维茨的计划退却，把萨姆索诺夫的警告看成是懦弱。他安然坐在离前线近 322 千米的沃尔克沃西克指挥部里，命令萨姆索诺夫不要再扮演懦夫角色，继续进攻。于是，俄国的失败便成了不可挽回的趋势。

三、以小村庄坦能堡的名义

8 月 25 日到 26 日夜间，萨姆索诺夫右翼还在向德军中心进发，离开他的其余部队约 48 千米左右，同从贡宾南出发的德军两个军接触。德军虽然疲乏，但吃得很饱，而俄军却是既困顿又饥饿。经过短暂和混乱的战斗后，俄军蹒跚后退，德军则如释重负地瞪着眼睛看，疲劳得不能追击了，战斗于是暂停了。

虽然德军没有追击，但俄国人却没有好运气。一个俄国师的几个连，他们背向着伯绍湖，晕眩地走进了水里，淹死了一些人。这个消息被德国宣传工作者大加渲染，说是兴登堡把萨姆索诺夫的军队驱入沼泽，死者数万人。

8 月 27 日黎明到来了，俄国的这两个集团军的末日也到来了。埃尔芒·冯·弗朗索瓦将军的第 1 集团军在乌斯道防区炮轰萨姆索诺夫的左翼，德国信号兵截获了萨姆索诺夫求援的电讯，但吉林斯基和连年坎普夫都没有理睬他的请求。于是俄军的颓势便再也不能挽回了。

饥饿萦绕着俄军，士气变得低落，俄军无可避免地队伍溃散，惊慌逃走。尽管他的部队处境危险，萨姆索诺夫还是命令他的中央部队进攻，造成德国人的短暂的不安。但是饥饿和迷乱让俄军像羊群那样被兜捕起来。延伸64千米的德军，只要把俘虏圈指点给这些俄军就行了，他们已经战斗到超过他们的耐力的地步。俄国第2集团军全部损失；五个军的指挥官中，两人被俘，三人因无能而被立即撤职。萨姆索诺夫跟那五个指挥官的命运没有不同，8月28日傍晚，他独自进入了森林，举起手枪对准太阳穴，扣动了扳机。他被德国人埋掉的尸体，在1916年被军队挖出，通过红十字会交给了他的妻子，还好，最终躯体回到了祖国。

这一战役当然是德国的胜利，俄国的灾难。这一战役是被一个村庄的名字命名的，8月28日的时候，鲁登道夫曾率众向一个叫弗勒格瑙的小村庄前进，当时他们距另外一个村子坦能堡3.2千米。在萨姆索诺夫败北之前数小时，他用这个村庄的名字发布命令。他和兴登堡认为这场战斗应当用这个村庄的名字命名，因为这里是1401年战斗的现场，那时条顿骑士团被波兰人和立陶宛人打垮，具有重大的纪念意义。

在这场战役中，俄军第2集团军有9.2万人被俘，被杀和失踪的估计有三万人，约有500门炮被毁或被缴获。吉林斯基关心萨姆索诺夫的命运，命令连年坎普夫去找第2集团军的方位，但他不知道这时候整个第2集团军都几乎已经不复存在了。连年坎普夫没有听从命令，掉头就逃，因为获胜的第8集团军集中火力对他的部队展开了进攻。最后，德军伤亡一万人，连年坎普夫部队的伤亡共达14.5万人。对这种不相称的损失，连年坎普夫感到非常恐慌，于是，他抛弃了他的军队，飞快逃回俄国。这一懦弱的行为使吉林斯基大发雷霆，他打电报给尼古拉大公，极力要求把他立即撤职。总司令尼古拉大公答应了他的要求，很快就罢黜了连年坎普夫。但是令吉林斯基始料未及的是，他自己也被撤职了。这当然是他不能逃脱的罪责。

这时候，德国方面胜利的消息却并没有及时公布，毛奇谨慎地选择了公布胜利消息的时间，以抵消在马恩的败北。当东线旗开得胜为大家所知后，兴登堡一夜之间就成为一个狂欢国家里受崇拜的人物。真正应当享受这次胜利荣誉的霍夫曼却被忽视了，但曾推敲过霍夫曼的战略的鲁登道夫，却分享了一些赞誉。可是，霍夫曼的才能也不是完全没有受到注意，他晋升为少将，继鲁登道夫之后任东线参谋长，但他也继续对兴登堡不满，只是没有直接表达出来而已。

当毛奇通知鲁登道夫，从西线派出的两个军和一个骑兵师正在来东线途中时，东线的这次胜利就更加彻底了，但是毛奇却因提供不必要的支持去对付俄国，使西线的军队减少，从而给了协约国在马恩获胜一个绝好的机会。

08 两败俱伤
——加利西亚战役

前面已经说过，在法国帮助下制订的俄国军事计划，为两种可能性作准备：如果德国先进攻法国的话，俄国就同时攻打东普鲁士和奥地利的加利西亚。另一个计划纯粹是防御性的，适用于德国最初向俄国强行进攻。

而奥地利这边，也有两个计划：一个计划是假如只同塞尔维亚打仗，把奥地利六个集团军中的三个集团军用来进攻塞尔维亚，其余三个集团军用于加利西亚以防御俄军。另一个计划是同俄国和塞尔维亚两国作战，在这种情况下只派两个集团军进攻塞尔维亚，其余四个集团军则驻守加利西亚战线。这说明俄国的强大确实不容小觑。

当然，如果俄国不插手是最好，但是奥地利的强势使得事情向第二种可能走去，于是，加利西亚这个地方就不会太平了。

一、塞尔维亚的反击

对于所谓的强势的解释，或许可以用另外一个词语：挑衅。奥地利军队的总司令康拉德将军，相比打一场战争来说，他更擅长发动一场战争。在战前，他的计划是向塞尔维亚施压，使其屈服，同时派出大批军队到加利西亚，对俄国发动攻势，野心可谓不小。

但是，当康拉德把他的六个集团军分到两线作战时，他实际上就没有了胜利的可能。他派波蒂奥雷克去塞尔维亚战线，进一步减少了那些机会。波蒂奥雷克是波斯尼亚总督，对弗兰西斯·费迪南德的被暗杀他是有很多责任的，因为他是保护者，所以他在自责和恐惧中沉沦，一直没有恢复过来。这时候，他忧虑而懦弱，担心自己也可能遭到暗杀，拒绝在他的部队前露面，而在远离战场的地方指挥军队。

塞尔维亚的东邻是保加利亚，保加利亚是个中立的国家，奥地利相较于德国，还不是太不守规矩，于是就没有打扰保加利亚，只在塞尔维亚的北部和西部边界进攻。这方面的进攻，受到多瑙河、萨瓦河和德里纳河这类天然障碍的阻挡，所以进行得非常吃力。因为，这些河流只能用小船或木筏渡过，而河那边又都是山区。塞尔维亚军队在数量上不占优势，并且是极不占优势，所以塞尔维亚军队别无选择，只有进行阻滞战斗，直到协约国能够前来支援。

塞尔维亚指挥官拉多米尔·普特尼克将军知道自己的短处，他们缺乏火炮、自动武器和运输工具，只能靠最近在巴尔干战争中经过战斗训练的老战士们来弥补这些不足。当然，普特尼克知道一种最有效的方法——他善于把敌人调动到最有利于他自己的地形作战。于是，这就为胜利增添了一些希望。

8 月 12 日，奥地利的大军，包括 19 个师的三个集团军侵入塞尔维亚。在这之前，波蒂奥雷克错用一个军在波斯尼亚执行占领任务，并浪费其他部队去追击熟悉地形的门的内哥罗人。普特尼克下达命令，让一些部队沿着河流边界驻扎，而把他的军队的主力集结在德里纳河和萨瓦河汇合处形成的一条弧线上。就这样，塞尔维亚军在奥地利的进攻下继续退却，一直退到适合普特尼克战术需要的防区为止，他们知道，接下来，就是塞尔维亚军队的主场了。

8 月 16 日的时候，普特尼克沿着亚达尔河上一条 48 千米的战线出击，当然遭到了主场作战能利用优势的塞尔维亚军队的痛击。日落之前，生还的奥军都拼命逃回德里纳河，疲惫不堪。这个时候，普特尼克进击奥地利的左侧翼，但这支部队迅速溃散并退却，伤亡甚多。对比塞尔维亚的溃乱，奥地利的溃败更为突出。

康拉德这时候还不知道他的部队遭遇的失败与打击，在这天晚上，他乘坐火车来到加利西亚的设防城市普热米什尔。待到第二天，他获悉了这个消息，就命令波蒂奥雷克从其多瑙河防区调第 2

集团军的一个军去增援面对塞尔维亚军的奥地利军队。波蒂奥雷克需要整个第2集团军，但康拉德决定抽调这支军队的其余兵力到加利西亚来。8月18日，河那边的奥塞两军在雅达尔继续战斗，在酷暑中持续了一周，并在沙巴茨周围进行了一场异常激烈的战斗，这场战斗一直持续到8月30日。奥军经过拼命的后卫战斗，才艰难地摆脱出来。

奥地利军队在9月1日疲惫地返回本土。奥军共计伤亡四万人，而塞尔维亚军则相对地未受什么损失。但塞尔维亚在被奥军传染的斑疹伤寒流行病中，付出了惊人代价——到1916年4月这场灾害消退时，有七万多士兵死亡，同时不断死亡的，还有不计其数的平民，估计有几万或者十几万人。

二、争夺加利西亚

入侵塞尔维亚以奥地利的撤回告一段落，康拉德现在把他的全部注意力转到俄军这边来。

这边，是对奥地利有利的，或者说最初的有利条件都在他这方面。从在维也纳东约80千米的多瑙河开始，喀尔巴阡山脉形成了一条1287千米的弧线，直到罗马尼亚东南为止。它的宽度从11千米到370千米不等，中部在112千米左右。既没有天然道路也没有大河流域把这个障碍分开，但穿过山脉通向加利西亚的七条奥地利铁路线，可以不费力地防守或在必要时封锁。喀尔巴阡山脉以北，是克拉科夫、普热米什尔和雅罗斯瓦夫这些设防城市，还有维斯瓦河和桑河保卫着。所以，在这边，加利西亚非常易守难攻。

但是，康拉德却犯了一些不可挽回的错误。如果，康拉德要他的部队掘壕固守，俄国的冲击是闯不过这些障碍的。岂知他误信人言，以为俄国人尚未充分动员人力，易受攻击。他决定先下手为强，要从加利西亚发动迅速的攻势，以攻占华沙和布列斯特—立托夫斯克之间的铁路线，但他显然没有想到，这时候俄国人实际上已被动员起来，在他的军队和俄军接触时俄军会做出一些对奥军非常不利的事情。

间谍战一直在进行着，战前十年间，俄国从它的高级间谍阿尔弗雷德·雷德尔上校那里获悉奥地利的各项有价值的军事秘密，他甚至在被任命为奥匈帝国陆军情报处主任以前，就已系统地全方位地把他的国家出卖了。1913 年的时候，雷德尔是奥地利第 8 集团军的参谋长，那时他的间谍活动无意中暴露了，所以康拉德一直在细细揣摩的计划是否改变了他。

康拉德想了很多，他要求德国第 8 集团军从东普鲁士发动攻势，但是，毛奇拒绝了他的这个建议。哈普斯堡的统帅需要德军横扫涅曼河以东，然后打击俄国的右翼。他渴望把奥地利首战的胜利归功于他的皇帝，因此他继续深信，在他的军队抵达布格河时，德军一定会采取行动。于是，他便勇往直前，轻率地派出 30 个师，组成三个集团军，于 8 月 22 日向卢布林进发。

在队伍前列快速奔驰的，都是穿着彩色制服的轻骑兵，这种五彩缤纷的轻骑兵是19世纪的遗物，他们渴望去杀哥萨克人。但是，这里看不到哥萨克人。

哥萨克人是活跃在俄国南部的游牧部落，被俄国收编为骑兵。在俄国这边，尼古拉·伊凡诺夫将军把哥萨克骑兵放在后卫，虽然表面上处于孤立地位，但实际上他们都被安排在分隔四个俄国集团军的几条宽阔的走廊中，以引诱奥地利部队进入俄军侧翼将全部暴露的阵地。这种做法非常具有军事才华。因为这种纵深防御战略非常适合俄国的辽阔领土，伊凡诺夫的战略仅仅同用来对付拿破仑的措施略有不同而已。当哥萨克军被入侵者望见后，他们就转而向东疾驰，其速度以快到不被奥军赶上为度，这样奥军就被引诱到一个危险暴露的阵地。伊凡诺夫及其同僚指挥官阿列克赛·勃鲁西洛夫、尼古拉·鲁斯基和保加利亚出生的拉德科·德米特里耶夫，不像坦能堡的俄国指挥官，都是能干的战术家，他们谐和地计划和协同他们的战斗，使得俄军的凝聚力大大增强。

8月25日的时候，奥军已经深入俄国的波兰。

勃鲁西洛夫开始率军攻击奥地利的右翼，迫使其退入加利西亚，尽管他的部队在数量上并不敌奥地利的这些军队。俄军紧紧跟踪追击，到达这个省的工商业中心伦贝格，于9月3日入城。勃鲁西洛夫然后分兵，遣其左翼迅速封锁喀尔巴阡山山口，以防奥军退入，并遣其中央部队和右翼直趋普热米什尔。在这个时候，鲁斯基将军的军队有效地楔入了正要逃走的奥地利第3集团军和其国内基地之间，形成了包抄的局面。

在伦贝格以西，是加利西亚主要铁路枢纽站腊瓦—鲁斯卡亚，德米特里耶夫将军的军队对奥军竭力施加压力，迫使他们急调已经遭到连续猛击的第2集团军从塞尔维亚前来支援，但这支单薄的不

可依靠的部队到达太晚了。可想而知，俄军的联合起来的侧翼猛袭，把奥军赶回喀尔巴阡山一线，留下 15 万奥军在普热米什尔，这座城市在被包围六个月之后陷落了。当俄军入城时，大部分居民都站不起来，饥饿让他们形容枯槁，可怜至极。而这时候勃鲁西洛夫又切断了经过布科维纳省的一条长而宽的地带，攻占了省会切尔诺夫策，然后率领大军向匈牙利驰去。

伊凡诺夫在加利西亚取得了占绝对优势的胜利，把西里西亚暴露在俄国的入侵前面。因为西里西亚平原直接通向德国的中心地带，兴登堡得知这个局势，觉得他必须行动，而且必须迅速行动，不可再晚。

9 月 28 日，一支专门组成的、由奥古斯特·冯·马肯森将军领导的德国第 9 集团军，乘火车去增援奥军。康拉德对装备不良的塞尔维亚军队击败他的军队非常愤怒，要求波蒂奥雷克于 11 月开始再一次入侵。这边的战斗是断断续续的，但很残酷，要么死亡，要么失踪，很少见到俘虏。贝尔格莱德于 12 月 1 日陷落，奥地利暂时胜利了，但是这次胜利十分短暂。普特尼克很快进行反攻，并且肃清了首都的奥军，然后把他们赶出国去。

这次入侵，奥塞双方伤亡人数差不多。总的伤亡在 17.5 万人左右，然而，塞尔维亚军队相对弱得多，所以，波蒂奥雷克的无能显得非常过分，康拉德很快把他撤职。这个失败的军官，从此再无声名。

09 从埃纳河边奔向大海

——长长的堑壕战

◇……………

在马恩之战中狼狈逃窜的德军，终于在 9 月 13 日有了机会回过头来对付协约国军队。

一方面是乘胜追击的协约国大军，一方面是疲于奔命的德国士兵，战斗似乎在没打响之前就已经注定了结局。但是变数还是很多的。德军终于奔逃到自己的阵地，而这个阵地，是西线最坚强、最稳固的阵地，这个阵地得天独厚。

那么，战争便又有了新的悬念，但谁也不曾想到，双方会在这里僵持良久，并且把战线越拉越长，最后比利时人也跟着遭了殃。

一、浓雾散去

这个得天独厚的阵地位于贡比涅和贝里奥巴克之间，在这里，约有 30 多米宽、三米多深的埃纳河蜿蜒向西，两岸的低洼地延伸了1.6千米，突然上升为一条近120多米高的悬崖，然后又缓缓下降到与高原相齐。德军驻守在离山顶三千米的较高的北面，藏身在覆盖着正面和斜坡的浓密的灌木丛后面。

但是，协约国军队就没有灌木丛可以隐藏，没有藩篱的乡村的低矮庄稼，使协约国军队失去了天然的藏身之处。几条深长而狭隘的小路以直角插入悬崖，把渗入者暴露于非常危险的境地。而在北部高原的德国军队，却俯临着广阔的射界，虎视眈眈。

9月13日至14日，尤其是9月14日的夜间，浓雾开始弥漫开来，大部分英国远征军靠浮桥或部分未炸毁的桥梁渡过埃纳河，在右边的布尔科曼和左边的韦尼泽尔登陆。在韦尼泽尔东面的希弗勒，是德军选来作为最坚强阵地的悬崖。几乎在同时，法国第5集团军在贝里奥巴克渡过埃纳河，攻占了东面最高点的一条山岭，并且沿整个战线都设立了联络点。在山岭的东面，法国第4、第5和第9集团军，只在他们于9月13日进驻的阵地外面稍微有了一点进展，这进展相当不容易。

英国远征军行走在夜里，浓雾弥散在整个空间，在浓雾掩护下，他们得以朝着通向高原的小路前进。但是，黎明渐渐到来，明朗的朝阳的光辉驱散了覆盖大地一夜的浓雾，他们便暴露无遗了。于是，德军交叉火力开始无情地扫射。这简直是一场屠杀。

但是尽管有牺牲，协约国军队也还是按照既定的计划前进。德军在沿河的灌木丛里，突然看到协约国军队的第二线散兵在前进，喜出望外。散兵每两人之间的距离至少有十步，德军的炮兵开炮了，每次至多打到一个人。第二线步兵继续前进，而且推进得越来越近。在第二线散兵后面约 183 米，出现第三批和第四批人群。德军的炮兵越来越疯狂地射击，但是效果却不再明显。然后是第五线和第六线散兵，秩序井然，有同样考虑周详的非常精确的间隔。这是经过良好训练的勇敢敌人的壮观的表现，令敌人都非常佩服。

随着太阳的升起，僵持的局势趋于明朗，双方没有一方推得动另一方，而且既然没有一方想退却，就成为相持不下的僵局，使对抗的双方在今后四年中固定在一条狭长的地带上。约翰·弗伦奇爵士下令全部英国远征军掘壕，但没有挖掘工具可用。士兵们到附近的农场和村庄搜索鹤嘴锄、铁锹和其他工具。部队没有经过阵地战的训练，只是在地上挖浅坑，最初只是想提供掩蔽，以防敌人的观察和炮火。但是不久，壕沟就挖深到两米左右。其他防护措施包括伪装和在壕壁上打孔，然后用木头支撑起来，以便射击。

于是，堑壕战就开始了。

二、堑壕战

刚一开始，堑壕战对德军来说是非常新鲜的。因为他们的训练和装备的目的都是打一场在六周内获胜的运动战，但是德军是训练有素的，很快就使他们的武器适应了新形势。攻城榴弹炮现在把大量炮弹射入协约国军队的壕沟，熟练地使用迫击炮、枪榴弹和手榴弹使德军能给协约国士兵以重大杀伤，而协约国士兵既无这些武器的训练，又无这些武器的装备。探照灯、照明弹和潜望镜本来都是用于其他用途的德国装备的一部分，但也被有效地移用于堑壕战。德军占了优势。

英国远征军非常被动，重武器的短缺妨碍了他们。只有他们发射27千克重炮弹的炮，其威力才足以从埃纳河南岸轰击敌人的炮兵阵地，而这些炮在口径、射程和数量上都比德国炮差。装备有152毫米炮的四个炮兵中队（共有16门炮），急忙从英国调来。同德国的203毫米榴弹炮相比虽有逊色，但稍有帮助，使他们的被动减少了一些。英国远征军的防御火力只有步枪和分配给每营的两挺机枪。英国正规军都是优秀的射手，但是，这也不能与德国的机枪和手榴弹匹敌。武器上的落后实在明显，双方依然僵持着。

9月24日，飞越德军战线的中尉B·T·詹姆斯和D·S·刘易斯，发现了给英国阵地以很大损害的三个隐蔽得很好的敌人炮兵中队。英军很少在他们的飞机上装备无线电收发报机，那些最初装备的，只用于报告部队的行动。但是这时候，飞行员认识到指示炮火或发现炮位的好处。他们用无线电发回了炮兵中队的方位，然后嗡嗡地飞了一大圈，等待观测炮兵爆破弹的位置。

下午4时02分，炮手接到方位信息，发射了一枚炮弹，但是方向差得有点多了；4时04分，再次发射；4时12分，又发射，没有击中，但方向大致是对的；4时15分，炮弹又打出去了，但还是没有击中德军的炮兵中队位置。经过调整再打——这次打过了，并且偏左；4时20分，打出的炮弹正好打在两个炮兵中队中间，于是炮手在两边各搜索约183米，保持射程；4时22分，炮弹发出，几秒钟后，打中了！他们似乎可以听到德国士兵痛苦的嚎叫；4时20分，再次打中；4时32分，发出的炮弹短了约46米左右，并且偏右……虽然飞机上的飞行员能够用无线电起到一定的作用，但是英国这种击发弹是散漫和不准确的，几百颗中没有一颗打中目标，甚至有时候会落在英国防线的某些地点，令英国人非常困扰。双方就这样你来我往，继续僵持。

三、"奔向大海"

僵持毕竟不是积极的办法，在知晓堑壕战的低效之后，双方都放弃了正面袭击，逐渐开始企图包围对方的侧翼。

德军想攻打协约国军的左翼，协约国军则设法打德军的右翼。在一条河的两岸对称运动的结果是，北翼越来越加速向北海前进。这一时期就是所谓的"奔向大海"。

正因为这样，西线成为约644千米固定的、弯曲的、往往呈锯齿形的连续的堑壕系统。从比利时的海峡城镇纽波特开始，堑壕线向南伸展数百千米，在努瓦荣折向东南，经过兰斯、凡尔登、圣米耶尔和南锡，然后再折向南面，到贝耳福以东32千米的瑞士北部边界。战线长到不可理喻的地步。

在埃纳之战中，英国远征军仍然是被动的一方，被打得筋疲力尽，狼狈不堪。同德军在"奔向大海"中交战的主要是法军，但英军在德军前进时日益感到惊慌。

温斯顿·丘吉尔是英国的海军大臣，他决心阻止德国人攻占其他海峡港口，因为这些港口能被用来作为袭击英国航运的基地。从9月中旬开始，他到法国去安排英国远征军转移到北面。10月10日之后，除一个军外，所有部队都已到达圣奥梅尔—阿兹布鲁克防区的集结待运地区，最后一支部队在那里与主力部队会合。这个小心伪装的调动，一直到10月8日都没有被德国空军侦察发现。等到德军发现英军的暗度陈仓，已经为时已晚，不能集结适当兵力对付后者了。

于是，德国就开始处于被动的地位。

也就是这20天左右，当战斗北移时，比利时军日益成为对德军交通线的威胁。德军在9月28日策划攻占安特卫普港并摧毁比利时军。这座重要的海岸城市，由陈旧的堡垒系统拱卫着，甚至经不起152毫米炮弹的轰击。外圈的18座堡垒离城13千米左右，内圈堡垒离城不到三千米。每座堡垒有两挺机枪，但既缺乏电话通讯，也缺乏观察炮火的手段。每1.6千米放置一门152毫米大炮，但没有一座堡垒有高爆榴弹或无烟火药，周围几十平方千米的地方都已肃清，因为入侵者可能会利用这里曾经存在的一些防御措施，这样，肃清就为比利时军队提供没有障碍的射界。他们在静等着德军的到来。

时光推移到9月29日，这天拂晓，65岁时才被从退役中征召的汉斯·冯·贝泽勒将军部署军队的六个师在一条面对外层堡垒圈的弧线上摆开，曾在列日和那慕尔摧毁防御工事的重型攻城榴弹炮，放在远离比利时炮兵射程之外的地方。

德国充分应用了飞机指示定位，在空中的帮助下，德国炮兵很快就找到了他们的目标。比利时大炮喷出一阵阵浓厚的黑烟，露出它们准确的方位，而被防守者肃清了的田野使堡垒毫无隐蔽。两座堡垒顷刻之间化为瓦砾，其他堡垒也一一相继陷落了，比利时人越来越惊慌。

最终，比利时人没有等待战斗结束，政府和6.5万人的部队当夜就迁往奥斯坦德，留下一支八万人的军队阻住敌人。第二天，全部外层堡垒都被打垮，大批平民惊慌地从城中逃出，向中立的荷兰跑去。

这里的战斗是没有太多悬念的，德国的攻势实在太强，而比利时又实在太弱。虽然有一个英国的皇家海军陆战师在德军进攻期间加入防守部队，但也没能挡住德军的大规模进攻。经过六天的顽强抵抗，剩下的守卫部队越过斯凯尔特河，退到荷兰的南部边界，同时其余比利时军队向南逃去。

“奔向大海”有了结果，安特卫普港就这样陷落了，德军控制了比利时。

10　一场并不上心的游戏
——沙俄的悲鸣

◇

因为俄国的强势来袭，奥匈帝国的军事命运在不断地衰落。

时光飞转到1915年4月，俄国在沿喀尔巴阡山脉的广阔战线上，支配着每一条通向匈牙利的公路，而且俄国占领普热米什尔设防城市，威胁着奥地利的后方，使康拉德非常头疼。康拉德明白地知道，仅仅依靠他的力量，是推不动尼古拉大公的军队的。此外，南面的塞尔维亚也在酝酿着危机，使奥地利处于危险中。

这时候，意大利也正式宣布中立，正在开始摆脱柏林和维也纳。

当然，跟奥地利交战中旗开得胜的俄军也不是所有进展都顺顺利利。俄军在马祖里湖的冬季战斗中被逐出东普鲁士，德军于1月31日首次在马祖里湖战役中使用新型武器——毒气。但是，不管射向他们的氯气炮弹有多少，俄国人却丝毫没有发觉什么异样，在各种通讯、记载、公文中也没有提到这一新武器。也许，在零下的气温中它发挥不了作用。

尽管俄军侥幸躲过了致命的毒气，但危险对于他们来说，正在一步一步紧逼过来。

一、俄军的式微

德国在对于胜利者进行狂热的欢呼和追捧，兴登堡赢得了陆军元帅的军阶，由他统帅东线的全部军队，鲁登道夫则成为他的参谋长。在德国人眼里，这两个人代表一个不可分割的整体，两个人现在都坚决认为，如果手头有足够的部队，可以在一个战役中把俄国一举击败。

但是法尔肯海因看得更远，他不同意他们的观点。这个老谋深算的人深信战争将在西线取胜，决定把他的主力集中在那里，只有在奥地利出现困境后，他才勉强把四个军从法国调往加利西亚。这些军编入由坦能堡胜利者之一马肯森将军领导的第 11 集团军，以及由陆军元帅、巴伐利亚皇子莱奥波尔德领导的第 9 集团军。从绝对数字来看，战斗的列阵是使人印象深刻的，175 万多俄军和 130 万奥德联合部队处于对峙状态。尽管沙皇军队在数量上超过其联合的敌人，但是德奥联军的质量却远远在俄军之上。

当然，一直等到战斗开始，德国人才知道俄军的虚弱远超他们所掌握的情况。三分之一以上的俄军连步枪都没有，其他人很多是用墨西哥的、日本的和夺来的奥地利武器装备，要建立任何有效的补给和分配系统都是不可能的。发给部队的弹药对他们的枪不适用，在战斗中损失的火炮，补充率很低，以致炮兵中队的炮减少了四分之一，指挥官为了保存弹药，甚至奉命每门炮每天不得发射炮弹三发以上。在军事上，这真是极度的拮据。

两军对垒，处于两军中间的无人地带，是一个开阔的丘陵地形，每四千余平方米都被这里许多村庄的居民用来种庄稼或放牧。哪一方都不多管平民的这种日常活动，在德军开始攻势之前几天从这个地区撤退所有非战斗人员时，俄军也显然漠不关心。前方的步哨彼此相距平均 2.7 千米的距离。俄军并不注意德军所挖掘的深沟，而满足于仅足以隐蔽跪着的士兵的堑壕。俄军还选择丘陵和村庄作为支援阵地，岂不知，这是一个严重的战术错误，因为德国大炮很容易发现这些射击的目标，轰隆隆一阵子便可能断了俄军的后路。

4 月 30 日，夜深人静，在夜幕的掩护下，德国步兵前进到他们可以很快越过正面堑壕的阵地，发射榴霰弹火力，迫使俄军低下头来。拂晓时，德国炮兵进行了四个小时雷鸣般的弹幕射击；德国飞机也突然出现，丢下了这次大战的第一批炸弹，爆炸的硝烟蹿得到处都是。中午到来的时候，俄国最前面的几条防线已被攻占，大批被弹幕打得晕头转向的士兵，只是举起双臂踉踉跄跄向前走去——他们只好投降被俘。

5 月 1 日，莱奥波尔德皇子的第 9 集团军所属的受过专门训练的部队，发动有限的毒气进攻，以便分散俄军对马肯森准备攻占果尔利策和塔尔诺夫的注意力。德国炮弹圆筒的阀门打开后，氯气随着微风飘向俄国战线。但是这时候，风向却突然变动了，毒气被吹回没有戴防毒面具的德军这一边，一些士兵中毒。但是，马肯森的军队未受这次挫折的太多影响，他能够联系奥地利的第 4 集团军，对果尔利策和塔尔诺夫之间的防线进行成功的联合进攻。在马肯森沿着整个加利西亚战线狠狠地攻击后，俄军不久就大批退入喀尔巴阡山防区躲了起来。

到 6 月底的时候，单单马肯森的军队就俘获了 15.3 万名俘虏和 300 门火炮。俄军的狼狈可见一斑，这正是属于武器的胜利。

这时候，德国人把兵力集中在布格河和维斯瓦河之间的广阔防区，因为大部分俄军就在山防区里气急败坏地虎视眈眈。

二、俄军的溃败

大规模进攻开始了，德军两路并进：兴登堡向东南前进，从东普鲁士越过那累夫河，直趋布格河；马肯森向北方前进，直趋与布列斯特—立托夫斯克平行的卢布林—赫尔姆地区。冯 · 加尔维茨将军的第 12 集团军，把整个俄国第 1 集团军挤回到那累夫河，同时莱奥波尔德皇子的第 9 集团军正在迫近华沙。

俄国的处境越来越危险。尼古拉大公会如何调配军队？

可以看出，尼古拉大公唯一的选择，是使他的军队从华沙这个突出部分脱身出来，留一支十万人的后备军在莫德林这个设防城镇，这样才能掩护俄国第 1 和第 2 集团军撤退。

战斗持续了一个月，德军重重打击了这支勇敢而虚弱的防守部队。俄军的防御终于在8月20日崩溃了，就在俄军主力从华沙逃到维斯瓦河东岸15天之后。所有幸存者都被得胜的德军俘获，他们现在占领了俄国的整个波兰地区，俘获了75万俘虏，不得不开辟出更多的战俘营。

俄军的溃败，在军队的随军英国联络军官少将艾尔弗雷德·诺克斯爵士看来，是随时会发生的事情，因为俄国的年轻新兵刚刚训练了一个月，就被送去参战了，往往还没有摸过步枪，更不必说射击了。没有武装的后备军蹲在后方，等待从一位负伤或死亡的伙伴那里接过一支步枪。而身居高位的俄国军官和官员，对这样那样带关键性的军事问题，装作视而不见，战争变成了他们并不上心的游戏。

时光缓慢地推移到9月初，沙皇尼古拉把总司令尼古拉大公撤职，亲自掌握军权。这是在沙皇皇后阿列克桑德拉和他们的“上帝的仆人格列戈里”——尼古拉这样称他——推动下作出的政治决定，格列戈里是一个半文盲的西伯利亚农民，他非常恰当地姓拉斯普庭（意思是放荡的人）。

拉斯普庭的催眠能力让沙皇夫妇的患血友病的儿子止住了血，

于是，他便博得了这位非常迷信和倔强的沙皇皇后的虔信，她把他推崇为现代基督。拉斯普庭利用她作为支配意志衰弱的沙皇的工具，有时候看起来，沙俄的命运竟是这样的羸弱。好色的酒鬼拉斯普庭，头上有因为以前在乡间偷马而被棍子打伤的拉斯普庭，竟然掌管着或者影响着大部分的高级任命和实际上所有的契约。他的权力遭到广泛的憎恨。

有一次，拉斯普庭想为部队作祈祷，曾写信给在莫吉廖夫司令部的大公能让他本人访问前线。尼古拉气愤地回信，威胁说只要他敢来，就敢把他马上绞死。但是参谋部同时又非常沮丧，拉斯普庭往往事先要知道一个进攻日子，以便“为胜利祈祷”，这个要求是不能拒绝的，因为它是通过沙皇皇后而来的。他可以训斥这个小人，却不能惹恼皇后。

沙皇被一塌糊涂的军务弄得厌烦。在大肆宣扬之后，他把自己安置在大公从前的司令部里，但把处理军务的时间限制为每天一个小时，即从上午11时到中午。在这个时间段里，他静静地坐在镀金的办公桌后面，他的参谋长米哈伊尔·阿列克谢夫将军向他报告。沙皇偶尔的发言，通常是传达沙皇皇后的命令或问题。

而幸好阿列克谢夫一直在专心致志地辛勤工作，策划了大部分的战役，当然，这些战役是以沙皇名义宣布的。总之，俄军的颓势是一时半会儿扭转不了的。

11 两败俱伤——毒气战

毒气战虽然没有在东线起到太突出的作用，但是在西线却变得有些重要了。

1914 年晚秋以后，西线变得有些僵滞了，尤其是比利时的佛兰德省，企图突破的顽强的德军不断被击退。德国的进攻进展得非常缓慢，往往在又一次凶猛的小战斗中被夺回。

早在 8 月中旬，来自遥远的加拿大的一个旅开到伊普雷突出部，使法国人得到非常需要的休整。加拿大军队觉得法国的堑壕工事还有许多有待改进的地方：一方面，长长的堑壕没有护墙为纵射炮火提供防御，另一方面，在低洼区域，地下高水位使掘进到半米以上就不能再掘下去了，还迫切需要把胸墙用沙袋或泥土堆高到 1.2 米或者更高些。还有，那些法军筑的胸墙，实在是太薄了，甚至不足以抵挡子弹，而有些堑壕连这种薄弱的防御工事也没有，没有一条战壕有防护来自后面炮火的背墙。这简直太不专业了。

就在加拿大军人把堑壕工事不断加固、完善的时候，德国决定使用他们的新型武器——毒气。于是，僵滞的战争形势就有了新的悬念。

一、毒气战的初次露面

在协约国的这个防区中，有一座古老的有护城河的城镇伊普雷，它位于形成27千米纵深突出部的一条协约国战线后面，这条战线从斯唐斯特拉特西北八千米开始，弯曲地绕到伊普雷南面约五千米的圣埃卢瓦。

德军不断的炮轰几乎摧毁了有500年之久的伊普雷的历史性大教堂——克洛思会堂，德军当然不肯承认他们对神的不敬，他们为这一行动辩护说，这些建筑物的塔楼被用作观察哨，所以才遭到炮击。

在这里，双方所用战术基本上受到佛兰德地形的制约，德军认为这种地形不利于从东到西的进攻，而低洼地又被半圈丘陵所破坏。在伊普雷西南山脊150多米高的康默尔山，具有决定性的战略价值。假使德军能够攻占这个阵地，这座城镇就将陷落。宽阔的山脊为火炮集中射击提供了观察和置放场所，可以轻易地使炮群不被在较低地方的守军所看见，同时增援部队和补给从后面运上来又不会被敌人看到。

而法国军人的士气依然低落，这从卫生设施中就可以反映出来：这些设施都处于可悲和非常污秽的状况，所有下面塌陷的小堑壕，都用来作为公共厕所和埋葬尸体的地方……他们后面的堑壕和地面，都乱扔着死人，有的已埋葬，有的还未埋葬，许多浅葬的坟墓严重妨碍着挖壕。加拿大军人把胸墙都加高和加厚了，在有可能的地方，加拿大军就加深现有的堑壕，还开辟护墙和新的交通壕。

所有堑壕都互相沟通，人们可以走到任何防区去，不致暴露于敌人炮火之下。连续的有刺铁丝网，保卫着整个系统免遭一般的侵犯。

早在加拿大军调来防守伊普雷的时候，德国参谋总长法尔肯海因就命令奥德联军集中在加利西亚，永远消灭俄国人的进攻力量。当然，为了掩人耳目，为了转移协约国可能的怀疑，他命令西线德军进行各种活动，配合留在那里的为数不多的兵力所能发起的进攻。这种性质的方案并不含有实质性的前进，而是试验新计谋或新武器的绝好机会，德国当然不会放弃。

在4月22日开始的伊普雷之战，德国方面的起因是想在前线充分试验毒气这种新武器，看看究竟效果如何，值不值得大面积推广。

1915年4月22日，星期四，天气晴朗而温暖，但伊普雷突出部却显得紧张而不安。前三天，从可畏的420毫米榴弹炮发射的多达一吨重的高爆炮弹，已把周围土地打得天摇地动。德国在伊普雷和附近村庄的目标，大部分是非军事性的：街道、公路和桥梁被选为目标，但威力强大的炮弹也摧毁了教堂、公共建筑物、住宅和生命。炮击区域主要在伊普雷的北面和东面。平静阶段从早晨晚些时候到下午 4 时结束，那时起这座城镇北面的法国防区受到猛烈的轰击，弹幕再徐徐移到加拿大军前线，德国人马不停蹄。

一个半小时后，炮击停止了。在朗热马尔克和伊泽运河之间的阿尔及利亚狙击兵和非洲轻步兵，注意到有一片奇怪的、略呈绿黄色的云徐徐地向他们飘来。没有人知道是怎么一回事。在这片云飘到他们面前时，他们开始窒息，痛苦地喘不过气来，许多人倒下来，闷死了。他们的眼睛、鼻子和喉咙好像被酸性物质烧灼似的感到烫痛。有 160 吨氯气，从德国堑壕特置的圆筒里放了出来。这种毒气差不多比空气重三倍，它乘轻微的东北风，沿地面滚滚而来，坠入堑壕。当英国部队看到发出尖叫声的幸存者抓住喉咙，盲目地四散奔跑时，他们知道了这是一种新武器，并且意识到这种武器的可怕。

尽管受到毒气窒息，但加拿大军没有完全丧失战斗力，依靠着勇敢坚定的意志，顽强地保住了这条战线。受毒气袭击的法军留下了七千米没有防卫的缺口，但德军前进了三千米就停住了，因为他们也要等待毒气飘过去。德军沿着这个没有防卫的缺口顺利前进的话，他们就可以把伊普雷突出部分割开来，包围五万英国和加拿大部队，把这里一步一步击破。

二、毒气战中的间谍战

这天深夜，加拿大军人在军事工事里狂热地工作着，填补这个缺口，并把火炮拉进阵地，德军照明弹照亮了夜空，使他们暴露于炮火之下。氯气的余迹还没有全部飘散，但是加拿大军把他们的左侧翼延伸到法国防区，构成一条薄弱的战线。弗雷德里克·费希尔是一个一等兵，他被德军的毒气激怒了，带了一挺机枪一步步地前进，阻住敌人。他以生命为代价，建立了高度英雄主义的功绩，获得了英国最高奖赏——维多利亚十字勋章。

毒气让协约国军队受损严重，但对于法尔肯海因而言，及早开始毒气进攻，比突破敌人战线前进更为重要。需要明白的是，德军使用毒气的意图是十分清楚的，尽管协约国固执地漠视警告。

其实，法军前一个月俘获的俘虏，就提到毒气筒，但不知道所用化学品的类型。4 月 13 日，一名德国逃兵向朗热马尔克附近的法国第 11 师提出了更强烈的警告。这名逃兵说装有窒息性毒气的管子，已经放在炮群中，沿前线每 12 米有 20 管。他还拿出发给这种装置操作者的一个简单防毒面具给俘获者看。这个情报在协约国军队中一级一级传达下去。紧接着，一个从敌人战线后方回来的比利时间谍宣称，德军将用毒气进攻，但他既不知道毒气的名称，也不知道使用的日期。但比利时人了解到，德军在根特的一份高度优先的命令，要准备两万个防毒面具，以保护德国士兵不受窒息性毒气的影响，但这种毒气的名称还不知道，就像谜一样。这个报道还明确指出德军的进攻位置恰恰就是德军发动进攻的那个地方。人们都疑惑不解，只有一个人，也就是指挥第 11 师的费里将军相信这个危险是真的，并把他的关心转达给邻近的英国指挥官们。费里还通知了他的上级，他的军指挥官带了一名从法国司令部来的联络军官来访问他。费里因为他没有经过霞飞司令部的正式渠道，而擅自直接向英军提出警告而受到申斥。他建议炮击德国堑壕以减少毒气进攻的危险，却遭到拒绝，并奉命要祛除他心里的非分之想。后来，费里被撤销了指挥权，就是因为他是正确的。

德军也给了他们一些最后的警告，他们在 4 月 17 日的无线电广播中谴责法国人昨天在伊普雷东面使用了有窒息性毒气的炮弹和炸弹。在采取任何新的暴行之前，德军最高统帅部往往把他们的行动推在协约国身上，以便在“道义上”为报复作辩护。这显示出他们的可笑。

还好，英国人为侦查警告的证据作了草草的尝试，但仍然对德军堑壕的空中侦察一无所得，因为圆筒伪装得很好。英军指挥官休伯特·普卢默将军爵士，还在怀疑德国人是否会采取这种不义的行动，他只是把这种“姑妄听之”的警告转达给他的部下，而对这个问题却不予过多理睬。很显然，他们的大意会使他们再次蒙受本来可以避免的一部分损失。

4 月 24 日，德军再一次使用毒气进攻，但加拿大军人认出了正在向他们徐徐飘来的略呈绿黄色的气体。其实这时候，德军最高统帅部在怀疑毒气的效力，认为最初使用毒气来对付整个敌军没有战略价值。但他们不知道只是用于小战区，因此效果并不明显。德军匆忙地把临时准备的防毒面具发给了士兵，但是由于还不知道这种化合物的化学成分，这些防毒面具并不特别有效，用起来并不方便。

而在这时，一位法国间谍夏尔·吕西托正在尽着他的本职，一步一步摸清敌人这个耸人听闻的武器。吕西托非常善于乔装，他打扮成一名德国的旅行推销员，进入莱茵兰去获取德国军火生产的报道。克虏伯在埃森和曼海姆的巨大工厂是最严格保密的，非常不容易接近。在曼海姆，这位情报人员看不到有毒气压缩在大小合适的圆筒中运往前线，但是很显然，铁路油槽车正在向东北方向驶去，车里显然有重要的物资。

吕西托运用自己的本领，很快就知道这些车辆开往何地和为什么要开去。他已经知道油槽车是开往埃森的。这位情报人员装扮成一个出入于克虏伯工人常去的当地酒吧的人。他很善于聊天以及窃听，慷慨地以一瓶瓶的啤酒款待他的新相识，转而从他们的闲谈中吸收情报。就在这里，吕西托结识了克虏伯工厂的一位孤独的老警卫，老警卫对于有这位殷实的旅行商人做朋友感到很高兴。但是，吕西托能从老警卫嘴里进一步知道什么？他能为协约国带来好消息，带来一线转机吗？

三、协约国不再被动

吕西托以他独有的耐心去跟这个警卫相处，果然获得丰富的报偿。这个警卫不久就谈到一次确实值得注意的试验——从一门大炮中发射毒气炮弹。这个老练的特务，假装既关心又怀疑的样子，提议按一笔吸引人的赌注打赌。于是，工厂警卫为赢得2000马克，同意提供令人信服的证据，邀请他一起去亲眼目睹一次实际的军事演习区的实验，而且这个邀请很快便会到来。

好运气取决于能力，然而好运气就这么来了。在老警卫的带领下，他们选择了一个不引人注意，但可清楚地看到实验场的地方。载运德皇威廉和军政高级官员的一长列汽车停了下来。军乐队演奏军事歌曲，同时一支仪仗队举枪致敬。

一门巨大的海军炮和一门76毫米炮作好表演的准备，而在将近1.6千米外山丘上一群在吃草的绵羊，就是此次试验的目标。野战炮准备就绪，射出了炮弹，爆炸时声音较轻，完全不同于标准的爆炸。几秒钟内，海军炮射击了。每个炮弹都没有向羊群瞄准，但每次爆炸后，有一阵略呈绿黄色的云状毒气徐徐升起，徐徐向羊群飘去，像低低地移动的雾一样覆盖在它们的身上。最后，雾终于散开了，所有绵羊都死了，集合的人群也撤离了。

吕西托把握住了这个千载难逢的机会。几天后，相当大的一块毒气炮弹碎片，已经出现在一位杰出的化学家的巴黎实验室里，他的分析应能使协约国造出防毒气的防毒面具来。然而早期的防毒面具都不起作用。最初制成的，是一层纱布衬垫，周围裹以经过化学

处理的废棉花；另一种防毒面具是“救火帽”式的，就是一个用油脂浸渍的灰毡兜帽，上面有小小的云母片隙缝可以望见外面。有意思的是，毒气容易渗过宽松的针脚，从兜帽下面往上升，其结果是戴这种兜帽的人，比不戴的人更易感到窒息。但是一步一步地改进是必然的，只是不可能那么早地做到完美。

有些德国逃兵供给协约国军队一些虽然简单但较有效的德国防毒面具，但他们忽略了去利用。可以想象，在了解到没有有效的防护物可用时，步兵们对毒气的恐惧加剧了。到了仲夏，法国研制了一种改进的防毒面具，但直到 1915 年 11 月，协约国才得知敌人怎样做防毒面具的。加拿大军第 7 营，在一次堑壕袭击中，捉到了 12 个德国士兵，他们的橡皮防毒气面具被加拿大情报部门认为是一个很大的收获。

1915年1月，对俄国人发射毒气炮弹的效果微不足道曾使德国人感到失望，在埃森试验的那些毒气炮弹是新型的。乘风向的毒气进攻后来被放弃了：有时一阵异常的风，会使有毒的云吹回到他们自己的防线来，等于是帮了敌人的忙。所以，过了不久，固定的圆筒就被毒气炮弹取代，好处当然是这种炮弹可以打进敌人的防线，使部队没有时间来躲避这致命的雾。这种炮弹的弹药装得少些，以便为液体毒气留出空间，而在爆炸时液体就变为气体。看来，人类的想象力是无穷尽的，就如其罪恶是无穷尽的。

德国的毒气炮弹设计越来越先进，后来居然可以从所有火炮和迫击炮发射，少装弹药的炮弹把射程限制在八千米左右。这种炮弹飞行时不稳定地旋转，爆炸时声音较轻，很容易辨认。再后来，德国人把毒气换成了光气，这种无色毒气比空气重三倍半，比氯气的杀伤力大十倍。除具有窒息性外，光气对于引起心脏的总崩溃能极好发挥作用。在通风地区，毒气和光气在三到六个小时内消散，但这足以使敌人丧失一部分的抵抗能力。

协约国不甘坐以待毙，以牙还牙，着手制造它们自己的毒气炮弹，但依然赶不上德国人的脚步，德国人在这方面一直保持着主动权。1917年7月，他们采用芥子气，这是一种油状腐蚀剂，能使皮肤起泡，引起溃烂，只有经过很长时间才会蒸发，所以杀伤效果更好。

芥子气如德国所愿，变成了协约国部队的噩梦。协约国以眼还眼，用路易氏毒气反击，这同样是一种剧毒的起泡剂。德国人还研制出一种能渗透防毒面具的化学品，使戴防毒面具的人猛烈地打喷嚏、恶心、呕吐，迫使他们扯掉防毒面具，紧接着就发出时间上经过小心安排的其他毒气。

在大战期间，德国对协约国至少发射了12.5万吨的毒气；到了战争的最后一年，一半的德国炮弹都充了毒气。双方化学战的伤亡人数都大大超过100万，士兵中有十分之一的人都因此丧生。所以，毒气战实在是一种两败俱伤的战争手段，谁也不能克制住谁，只有牺牲和牺牲。

12 冒险家的乐园
——加利波利激战（一）

◇ ……………

在欧洲，土耳其西南延伸部分，有一个约96千米长、六到21千米宽的半岛，叫加利波利半岛。在几乎是荒芜的多山狭长地带加利波利，1915年只有一条泥土公路纵贯全岛。俯视海滨的山脊和陡坡提供了优良的防御阵地，保卫着达达尼尔海峡的欧洲一边，一条64千米的水道从马尔马拉海流入爱琴海，宽度从1.2千米到六千米不等。在古代，以海莱斯蓬特著称的达达尼尔从不冰冻，但它的双向的潮流、疾转的风向和猛烈的风暴，使航行成为难事。

就是这样地势的地方，被英国作为军事目标，也让其遭受到了不小的打击。

英国在加利波利的冒险，是马虎策划和错误判断的结果吗？

一、对一座半岛的惦记

其实加利波利半岛，并不是英军以及协约国考虑的重点，除曾敦促攻占达达尼尔海峡的丘吉尔外，这个地区是英国陆军部很少想到的。事情的转机出现在 1915 年 1 月，尼古拉大公送了一封信给基切纳勋爵，请求报答俄国的支持。这封信激发了陆军部的兴趣。因为五个月前，俄国不顾一切战略上的考虑，答应协约国的要求，在东线牵制甚至进攻德国，以减少西线的压力。这时候，俄国同时在波兰同德军和在高加索同土耳其军争斗，所以，大公企求英国用某种牵制行动对付别处的土耳其军，海军的或陆军的都可以考虑。

实际上，英国对土耳其的政策，是丧失时机的政策。否则摇摇欲坠的奥斯曼帝国，大战最初几个月在英、俄猛攻下，不会幸存下来。达达尼尔的陈旧防御是非常脆弱的，土耳其靠近君士坦丁堡的沿岸两座兵工厂，都暴露在战舰的近距离平射火力之下。一支协约国舰队能够不费力地穿过达达尼尔，被土耳其军认为是当然之事。土耳其官方历史以使人惊异的坦率承认，当时在半岛的任何地点成功地登陆都是可能的，用陆上兵力攻占海峡也将比较容易。但是，这不但不能为英军的失败找到借口，甚至更耻笑了英军。

温斯顿·丘吉尔，这位敏锐的海军大臣，是理解夺取达达尼尔好处的唯一主要的英国人。从战争爆发开始，他就徒劳地倡导攻打加利波利，但从未得到回应。英国最近一次演习是在八年以前，帝国防务委员会得出结论，一支军队面对敌人据守的阵地，不能夺取一个滩头阵地。丘吉尔攻占达达尼尔的原因，不仅仅因为它是一个有限的军事目标，而且因为它是通向俄国黑海港口的唯一通道，这将便利同英国的东方盟国的交通，作用相当重要。

1915 年 1 月中旬，英国陆军部按照大公的请求行动。丘吉尔建议，俄军参加协约国两条战线的陆海攻势，从黑海进攻土耳其。俄国人认为这对他们有利，但同他们蓄谋已久的并吞君士坦丁堡和达达尼尔的意图有矛盾。协约国将分享这一胜利使俄国人感到不安，他们谢绝了丘吉尔的提议。外交大臣谢尔盖·萨佐诺夫承认，他很不喜欢这种想法，即海峡和君士坦丁堡可能被协约国攻占，而不是被俄军攻占。

当然，如果英国人决心进行这一入侵，即使没有俄国的参与，也是可以的。英国老将、海军部第一海务大臣约翰·费希尔爵士，在 74 岁时复役，1915 年 1 月初，他开始支持丘吉尔的入侵。丘吉尔打电报给地中海舰队指挥官萨克维尔·卡登海军上将，请他对英、法联合进攻作一估计。卡登回答说，这一计划将为协约国开辟达达尼尔。但是，军事计划人员忽略了一个关键性发展——他们对加利波利的杂乱的和无意义的进攻，最后将推动土耳其军在德国的支援和物质帮助下，加强他们的防御。这实际上有点帮倒忙的意思。

但是，决心已下，计划已成，18 艘英国主力舰（包括装备有

406 毫米大炮的新式“伊丽莎白女王”号）、四艘法国战列舰和辅助舰只组成的英法联合海军机动部队，于 1915 年 2 月 19 日驶进达达尼尔的入口处。

很快，联合部队便用炮火把岸上的外炮台打哑了，土耳其人也被打得四处逃窜。突击部队登上半岛，巡游这个地区，把土耳其遗弃的大炮火门塞住，以免落入敌手再使己方受损。狂风大作的天气使进攻推迟了五天，协约国恢复了对入口处其余炮台的零星轰击，希望借此迫使土耳其军退却。但是，他们没有想到的是，当他们这些入侵者向海峡上面攀登时，他们发现土耳其军有坚强的防御阵地隐蔽在悬崖后面，这实在是一记响亮的耳光。

3 月 3 日，协约国的登陆被击退了。因为英国计划人员没有把飞机定位包括在内，他们只能向土耳其阵地盲目射击，这样的扫射肯定不会起到什么效果。

进攻之前，无论卡登海军上将或是伦敦海军部都丝毫没有提到，如果这个海军中队冲进马尔马拉海，随后应有什么行动，这说明他们的侦查确实不到位。每个人都认为，只要协约国的海军力量一出现，土耳其军的斗志就会消失。但意外已经出现，现实真如他们所想吗？

二、意外，还是意外

经过短暂的调整后，3 月 11 日，卡登奉命指挥又一次海上进攻，但在达达尼尔海峡清除水雷之前，他不能把他的重型舰只开进去。这时候卡登竟突然患病，于是他不得不留在岸上，把指挥权移交给他的主要助手约翰·德罗贝克。

3 月 18 日再次进攻。海峡已经被英军反复扫荡，人们都认为在海峡八千米以内没有水雷了。然而，人们不知道，一只土耳其小船在主要布雷区外放了一排新水雷，它们就被放在早先炮击期间英国海军舰队停留的地方。

在向炮台射击途中，所有协约国舰只都安全地驶过这个危险地方，这只能说明他们的幸运。在这次战斗中，水上飞机起到了很大的定位作用，协约国联军在午后不久，就打哑了大部分岸炮。在法国舰只撤退时，扫雷艇继续在已知的危险区域扫雷，为其他舰艇开辟出路。突然，战列舰“布韦”号剧烈抖动了一下，裂开了，从甲板上喷出非常高的烟柱和火焰。但这只大船并没有停下来，在继续行驶中，它终于倾覆了，带着它的舰长和639名水手沉入海底，只有少数浮起来的幸存者被救了上来。

对于“布韦”号的倾覆，附近船上的有些观察者认为，它被一颗土耳其炮弹所击中；其他人则认为，它撞上了一颗水雷。支援舰只都开上来，看到有炮火闪光的土耳其阵地就进行炮击，到下午4时，把全部炮群都摧毁了。

可是，没过多长时间，未经警告，英国战列舰“不可抗”号和“不屈”号突然倾倒和沉没，一切快得仿佛不可思议。步它们后尘的是“大洋”号。德罗贝克海军上将怕损失进一步扩大，下令所有幸存的舰只返航爱琴海。等到舰队越过达达尼尔时，由于水雷的爆炸，又有三艘英国战列舰的舰身上被炸出很大的裂缝，岌岌可危，只能蹒跚行驶，到达安全海面后再修补。

德罗贝克海军上将又判断失误了。直到大战结束，协约国才知道，在进攻的最初几周，它们就已经胜利在握了。敌人的弹药已经耗去了一半，水雷则已经用光了，武器一光，他们只有放弃抵抗的份儿。后来，虽然协约国希望恢复进攻，但进攻的计划被推迟了。再后来，计划又一次改变，部队在加利波利登陆，海军也就随之降到了次要地位，不再发挥太大的作用。

伊恩·汉密尔顿爵士将军曾经在布尔战争期间担任基切纳勋爵

的参谋长，被挑选来指挥入侵军时，伦敦陆军部并没有制订作战计划。汉密尔顿只接到粗略的指示，但如何把这些指示发展成为一个紧密结合的战役的计划却没有什么头绪。当他急急忙忙不带后方勤务人员就赶往东地中海，所确定知道的只是去指挥一支远征军入侵加利波利和消灭敌人而已，没有丝毫战略方面的意义。

汉密尔顿一片热心，但对于他的攻打目标的全部知识，都是来自1912年的土耳其陆军操典、一张不完善的作战区域地图和在最后一分钟冲进当地书店买来的君士坦丁堡旅游指南。在他离开伦敦的时候，他甚至没有选定在半岛登陆的地点。

这位冒进的将军连加利波利是否有水都不知道，于是他命令他的士兵到亚历山大和开罗的市场去搜罗空油桶、汽油听、皮囊和其他任何容器。就像他在伦敦一样，尽管不准确，所有的地图和旅行指南都被买来，总归聊胜于无吧。由于缺乏堑壕战的武器和工具，临时凑合的军用工厂生产着迫击炮、手榴弹、掘壕工具和潜望镜。当地的驴夫和他们的牲畜被强征了来，作交通运输之用，虽然并不太好用。

汉密尔顿这种匆忙的临时凑合的作战在物资、后勤和组织上的缺陷，多少被部队的勇猛所弥补了。这个部队大部分来自遥远的澳大利亚和新西兰，还有一个法国师和本地的印度人部队，共约7.8万人，集合起来对付由德国将军利曼·冯·赞德尔斯指挥的、新建的有8.4万人的土耳其第5集团军。土耳其的宿敌希腊，志愿出兵三个师入侵加利波利和从西面进攻君士坦丁堡，但沙皇政权激烈反对。俄国宁愿丧失一切，也不愿冒让希腊染指土耳其领土的风险，因为他们害怕最后希腊会谋求什么。

土耳其这边，在协约国舰队撤退后的48天喘息期间，赞德尔斯将军组织了他的防御，把几个土耳其师驻守在预料的登陆地点。他得到指挥另一支军队的土耳其陆军部长恩韦尔·帕夏的支援。在备战中一位较次要的人物是穆斯塔法·基马尔，即战后世界众所周知的基马尔·阿塔蒂尔克，他是现代土耳其之父。时间是赞德尔斯的最宝贵资产，而英国的拖延给了他足够的准备时间。

入侵军的集结待运地区是希腊利姆诺斯岛上的穆兹罗斯港，协约国小舰队是4月23日离开那里的。汉密尔顿听取了基切纳的意见，把登陆限于半岛两边的32千米，由现场指挥官来选择滩头阵

地。两天后，协约国在希腊角的四块不相连接的海滩登陆，他们打算从那里向土耳其炮手可以俯瞰英国舰队的阿希瓦瓦高原进发。从加韦泰佩岬的西海岸上行 19 千米，澳大利亚和新西兰军的两个师也建立了一个滩头阵地，并且起了一个名称，叫澳新军登陆场，可谓是大张旗鼓。

这种任意策划的后果很快就暴露出来了。

汉密尔顿这个莽夫，由于对加利波利一无所知，他认为执行基切纳提出的准许他的指挥官自由选择登陆的时间和地点的建议很容易。澳新军指挥官威廉·伯德伍德爵士，深信夜间登陆将使所冒敌人炮火的风险减至最低限度。但指挥第 29 师的英国亨特·韦斯顿将军下令白天登陆，以便舰队炮击守军。

加利波利半岛纯粹成了冒险的乐园。可以相信，成功的协约国登陆往往是偶然的，并且发生在不像会发生的地点。这一切除了意外，还是意外。

13 冒险家的乐园

——加利波利激战（二）

◇

加利波利的战斗还在继续，就比如有一次滩头阵地的建立，完全是依靠一个人的勇敢而完成的：萨罗斯湾的部队离岸3千米，在黑暗的掩护下，指挥官B·C·弗赖伯格非常果断地带了一袋不漏水的照光炬，悄悄泅过了这段距离，然后把照光炬在沿海滩一线点亮，给协约国军队指明登陆地点。

尽管如此，在接下来的登陆战中澳新军队还是因为预估的失误丧失了一次胜利。在接下来的登陆作战以及协约国军队所遭受的种种意想不到的灾难的时候，土耳其的日子也并不好过。但是在后来一次重要的机会前，拥有这里绝大多数兵力的英国军官却对一个大好机会起了一丝犹豫，而战机也就这么被贻误了。

一、艰难的登陆战

伯德伍德将军依然坚持夜间登陆，但是他的部队却感到为难，而伯德伍德最终还是下达了命令。这片滩头阵地不但难以防守，而且士兵们辨不清方向，所以一时间显得非常混乱，宝贵的时间也就这么被一分一秒地浪费掉了。有2000名士兵乘坐由陈旧的运煤船“克莱德河”号改装成的把巨大的门安装在船身的登陆艇，而这艘大船的周围，都是运载部队的驳船，当他们共同靠岸的时候，令他们不安的事情发生了——土耳其军队的炮弹打过来了。

这一系列的炮击，给澳新军以沉重的打击，运煤船的船首栽进沙里，但水太深了，无法趟水，许多士兵在爬上岸时被击中或失足跌下水，最终溺水身亡。这时候，水如水晶一样透明，队形整齐、身穿军服的士兵的尸体都躺在水底，令人恐慌。到了第二天天亮后，他们吃惊地发现更多的死伤士兵在海滩上横七竖八地躺着。

很明显，伯德伍德的准备做得不完善，军队从书店里买来的地图本身就不准确，而他们事先也缺少必要的侦察。对于夜间登陆来说，侦查清楚登陆的海滩是非常重要的事情，他只是预料这里有1.6千米的海滩，事实上也就一千米左右，宽约30多米，两端都被悬崖峭壁所阻挡，整个澳新军被围困在这个狭小的海滩区域。在这块有限的地区，部队、牲畜、炮和补给品乱成一团，简直成了一锅粥。这里地形如此狭小，想安排得秩序井然也是不可能的，但对于他们来说，在这几天不可能夺取更多土地。

他们的登陆看似成功了，却失败得很彻底。土耳其将领穆斯塔法·基马尔在得知澳新军登陆消息的时候，就在几千米之外的内陆。于是，他马上统率八个营和三个炮兵中队，赶到可以俯瞰滩头阵地的崖岸，正好及时击退第一批攀登斜坡的澳新军。

这批协约国部队以前没有什么战斗经验，所以遇到这个情况，

没有一点办法，只好对着武器上占优势的敌人作仰攻，他们的狼狈可以想象。上面炮火在强烈压迫，澳新军发现他们在这种多岩石的地形，用小铁锹在结实的灌木根上进行挖掘是非常艰难的。他们拼命在这陡峭的丘陵地寻找岩洞，前呼后抢。

等到黄昏时分，双方死伤人数都在 2000 人左右，而基马尔依旧掌握着高地。

军医来了一批，他们把不计其数的伤兵运到混乱的伯德伍德的海滩。许多伤员被从这艘船移到那艘船，只是被告知说医生和工作人员带了全部设备和药品供应已经动身来此，他们痛苦的呻吟声连绵起伏。

而到 4 月 26 日的时候，有 1.6 万多名澳新军已经登陆，被丢在较低的斜坡和山脊上。将军们和列兵们都住在比邻的地下掩体里，只能使用紧急口粮。土耳其军的不断炮击，有时阻挠澳新军的新接替人员缓慢地爬上斜坡，但并没有封锁这里。一直到 4 月底，赞德尔斯将军都不发动他的主力进攻，宁愿看看协约国如何部署，因为这时候他们的主动权牢牢掌握着。在协约国企图组织他们杂乱的兵力时，赞德尔斯已经选择好了他的反攻阵地，他似乎看到胜利在向他招手。

终于，5月5日，赞德尔斯指挥土耳其人对南面滩头阵地开始主攻，但这时候，澳大利亚军队却新运来了两个旅的兵力，然后一同把土耳其军队给击溃了。滩头阵地一直都被阻塞，亨特·韦斯顿也不愿意坐以待毙，于第二天进行突破，但被猛烈的抵抗所止住，双方伤亡都很多。尽管有汉密尔顿将军亲自指挥，但情况依然不好。有时候是反复的白刃战，武器变得不再重要，体格和技巧成了杀敌制胜的法宝。

三天的激战下来，协约国大约死伤了三分之一，而土耳其军依然牢牢掌控着高地。双方一直在僵持着。

5月的到来，标志着加利波利夏天的开始，疟疾和痢疾等一系列流行病开始使死亡增加。双方最激烈的一仗于5月末告终，小小战场布满了8000名土耳其和协约国死者的坟墩，使空气中充塞了恶臭，而尸体为疾病的传播又提供了一些条件。为了防治能够把双方都一网打尽的无情的瘟疫，伯德伍德将军在其医务工作人员敦促之下，要求和土耳其军实行安葬休战。

5月24日，双方商议好之后，都扯出了一面白旗，宣布暂停战斗九小时。于是，教士、医生和安葬队一起来消除这一威胁。

二、简短的休战和战机的丧失

在这个激战正酣的节骨眼上，休战不是没办法的选择，却是最英明的选择。但是，这简短的停战看上去却相当怪诞，几乎是超现实主义的。所有参加安葬的人都戴了白臂章，禁止携带望远镜、武器或窥伺堑壕；除沿着全线停火外，所有在堑壕里的部队，都不把头伸到胸墙之上；归还敌人的步枪都要取去枪机，但这个不严谨的协定双方都大方地没有执行。

可以想象，当敌对双方在狭窄的无人地带会晤时，紧张不安的气氛弥漫于他们的周围。有些堑壕只相隔十米。澳新军和土耳其军默默无言地开始挖掘深沟或公墓，但不久双方就互敬香烟和用蹩脚的土耳其语和英语打趣起来，竟然出现了一片和谐的笑声。如果没有战争，他们之间必定会成为伙伴或朋友。

双方都在偷偷摸摸地相互刺探防务。在检验尸体身份时，军官们小心地注意堑壕和警戒系统的配置。传说基马尔穿了中士制服，在邻近澳新军堑壕的地方，和安葬队一起工作了九个小时。在分手之前，许多人交换了口袋里的杂物，战争竟然变得温暖人心起来。

下午三时左右，最后一个死者被慢慢放进安葬的堑壕里，这时一声枪响冲破寂静，大家都愣了。在这不安的须臾，安葬队除呼吸外，停止了一切行动，恐惧地意识到他们是处在双方对着他们的几千支步枪中间。没有再听到第二枪，于是人们转过身来，默默完成了他们的任务。然后是简短的握手道别，在夕阳的余晖下，他们各自回到了自己的堑壕。

当然，战争中的这种温暖毕竟是短暂的，人性的光辉闪耀一刻，便很快熄灭了，现实把超现实取代了。

仅仅是短短的几分钟后，在土耳其防线的某个地方一支步枪开火了，于是澳新军还击，战场上又响彻了枪炮声，局势又紧张了起来。

战火不仅仅在这里打响，就在协约国集中力量在陆上打仗的时候，在5月底前，土耳其的海军舰艇击沉了三艘英国战列舰：一艘土耳其轻型战舰在夜色的掩护下，悄悄地溜进达达尼尔，以鱼雷击中了“哥利亚”号；两周后，一艘德国潜艇神出鬼没地击沉了“胜利”号；一天之后，“威严”号也沉入了海底。地中海的潜艇活动使协约国惊慌起来，尤其是英国。因为“伊丽莎白王后”号也在这里，为了这只旗舰的安全，他们把它驶回一个英国港口，避免像另外三艘战列舰那样的命运。

英国的支援也在一步一步接近，随着装有355毫米大炮、能够在浅水行驶而不怕水雷的浅水重炮舰的到达，英国在达达尼尔的处境改善了。英国潜艇也进入海峡，驶进马尔马拉海和君士坦丁堡港。土耳其航运因此遭受到了重大损失，一艘装了6000名军人的运输舰，在港口就被鱼雷击中。这期间，土耳其的损失共有一艘战列舰、一艘驱逐舰、五艘炮艇、44艘轮船、11艘运输舰和185只帆船。

当然，英国舰队也不是完好无缺的，为这种破坏所付的代价，是在派来的13艘潜艇中损失了八艘。

8月初，协约国军队在加利波利西北的苏弗拉湾用两个师进行一次新的大登陆。这次，基本上没有遇到出其不意和寡不敌众的土耳其军的抵抗，他们从海滩退到高地待援。

但是，这样大好的机会下，包括汉密尔顿在内的优柔寡断的英国指挥官，不向前推进，却浪费宝贵时间去讨论战略。战机就这样被贻误了。

协约国最终决定要进攻，但是，这个时候赞德尔斯已经做了充足的准备，从博拉伊尔抽调了两个师到萨里巴伊尔山脊来。而犹豫和盲目的协约国军官，还以为这个地方是由登陆时退却的薄弱兵力防守的，但是接下来的沉重打击让他们认识到优势不在他们这方面时，已为时太晚，只好顽强地继续打了差不多五天之久，才停了下来。高地的狙击手和炮手很快削弱了他们的队伍，在海滩上的生活是难以忍受的。

而整个 8 月，协约国的伤亡在四万人以上。

1915 年 9 月到来了，两个英国师和一个法国师调来萨洛尼卡，汉密尔顿将军则被召回了，他没有获得另外的指挥权。但是直到基切纳勋爵于 11 月访问加利波利，他才充分领会这场大溃败，他不再需要敦促撤出这个半岛。

在夏季，协约国军队曾忍受了炎热、苍蝇和缺水的严重困苦、不便，也见识到时疫的致命破坏力。但是，接下来，他们还会面对更加糟糕的事情。

三、两败俱伤的加利波利

在陆陆续续的不怎么顺利的战斗的裹挟下，11 月已经到来，出乎预料的事情发生了。雷暴雨之后下了 24 个小时的倾盆大雨，继之以雨夹雪，然后转入炫目的暴风雪，很快地上的雪深达半米以上，到处都是一片萧条与惨败的白茫茫。大雪盖住了堑壕，盖住了战场的狼藉与混乱，却盖不住冰冷的温度，那些住在洞穴和地下坑道里的澳新军人还能享受一定程度的温暖和舒适，而在苏弗拉湾的露天部队就苦难深重了。倾盆大雨使沟壑和溪谷成为咆哮的奔流，冲下了数以吨计的泥浆、死了的土耳其人和驮畜，泥浆的脏乱和气温的低下让他们气急败坏的同时又瑟瑟发抖。

当然，大自然是公平的，土耳其这边也没有受到优待。双方可能各有500人淹死在堑壕里。还有一批人冻死了。仅仅在苏弗拉湾，冻疮患者就达5000人。没有人预料到会有这样猛烈的暴风雨。协约国对这种暴风雨全然没有准备，没有储备额外的保暖衣服，所以，必须要撤退了。

撤退是从12月19日开始的。汉密尔顿将军曾经非常担心，撤退的时候会继续发生士兵死亡的情况，因为土耳其人很容易发现他们并且加以追击。但是直到1916年1月9日撤退完成，竟然无一人伤亡。

这完全是汉密尔顿的继任者查尔斯·门罗将军的功劳，他对这次撤退的主持非常用心，从每个旅到人数最少的梯队，都是按照他们同四个上船码头的远近距离排定撤退时间的。六人到12人一个小组，列成纵队越过几十条小沟渠，每组殿后的人往往是个军官，由他留下定时导火线，爆炸坑道中的地雷。没有灯火，也不准吸烟，士兵们以坚定的步伐按每小时五千米的速度赶路。

战士们静悄悄地、不停顿地向指定码头进发，脚步声被一条用沙袋铺的路捂住了。将军们和列兵们都挤在机动驳船里，每条驳船装400人。军官们小心地点数保证不使一个人掉队。唯一的声音，是带着战败的回忆朝大海行驶的驳船发出的阵阵颤动声。土耳其军队完全被欺骗了，他们继续向空空如也的堑壕发射榴霰弹和子弹。不得不说，这次撤退可称神奇。

不过也难怪，当时土耳其军的统帅穆斯塔法·基马尔刚好不在这里，否则英国人不可能那样溜走而没有损失。

这场持久的登陆战以协约国的撤退结束了。在1915这个年份里，差不多有50万协约国士兵被运到加利波利，伤亡人数在一半以上。远征军包括41万英国部队和近八万法国部队。英国伤亡人数共计21.4万，法国为4.7万。土耳其军参战的至少有50万人，估计也有一半以上伤亡。无论如何，土耳其陆军的精华被摧毁了，于是在未来的巴勒斯坦战役中，埃德蒙·艾伦比将军就更轻松了一些。

协约国在加利波利失败，让英国首相赫伯特·阿斯奎斯非常气恼，他把丘吉尔调离内阁，基切纳勋爵也不再拥有政府大臣对他的毫无疑问的信任了。由于把他掌管的军械管理权移交给由劳合·乔治领导的一个新成立的部，他的权力减小了。而丘吉尔穿上军服，重新得到宠信，被任命为英国军械大臣，也是1917年的事情了。

也许，如果英国军官没有那么优柔寡断，在1915年8月初的那次登陆之后乘胜追击，结局完全会是另外一种样子，但是他们毕竟放弃了这个本来应该得到的机会。

14 把双方鲜血流尽

——血地凡尔登

1915年即将结束，德国越来越觉得接下来的一年他们可以大有作为。因为这个时候奥德联合部队已经同他们的新盟国保加利亚一起，把巴尔干的塞尔维亚军队打出国境，迫使其残部在希腊寻求庇护。而沙皇尼古拉的军队败北后仍然晕头转向，容许德军把将近50万军队调往西线。如果得以集中兵力，放手驱动它的力量来对付法国在防守上的战术据点，那么所有的阵地都将是可以掌控的。

德国把目标锁定在了凡尔登，并且围绕凡尔登进行了精心准备。法国方面也获悉了这样一个情报，但并没有多加注意，尽管对法国的攻势已近在眼前，但霞飞还是忽视了。这个看似气定神闲的将军，正在全神贯注于即将来到的索姆战役。

在列日和那慕尔这两个要塞被德国的“大贝尔塔”炮攻陷之

后，霞飞悲观地认为凡尔登堡垒在军事目的上已无用处，所以命令4000多门炮撤离炮台，其中至少2300门是大口径火炮。直到1916年1月，大炮还在从炮塔上拆下来，用于另外的地方。看来，凡尔登成为血战之地，并不是没有道理的了。

一、凡尔登的危急关头

1915年圣诞节前夕，德国参谋总长冯·法尔肯海因将军在一份致德皇的备忘录中，估计了军事上可供选择的办法。英国是德国的主要敌人，但是除了进行潜艇战外，入侵是距离太远了，所以并不去冒险；俄国的军队已经没有了锐气，而意大利依然在观望。那么，力量最强盛的法国就是他们最大的敌人了。于是，法尔肯海因主张集中攻击法国，法国在军事上的努力差不多已经到了尽头，如果能使它的人民清楚地懂得，就军事意义而论，他们已经再没有什么可以指望的了，破裂点就会到来，英国也就会退兵。

当然，法尔肯海因并不主张大规模拉长战线去进攻，老谋深算

的他，打算选择一个在情感上被奉为神圣的地区“使法国把血流尽”，为了保持这个地区，法国将不得不投入他们所拥有的每一个人。

法尔肯海因将军提供了两个符合条件的地点：凡尔登和贝耳福，二选一，他更赞成凡尔登。凡尔登是巴黎的西北入口，离巴黎 217 千米左右，是一个大约有 14000 人的沉沉欲睡的法国省属城镇，由一个凸入德国防线的大规模堡垒综合体保卫着。如果法国选择这里发动攻势的话，凡尔登还有令人不安的因素，因为这个地方离德国的主要铁路系统只有 32 千米。

在法尔肯海因的谋划中，他所设想的这个战役代号是“处决地”行动计划，预定 1916 年 2 月 21 日开始。为了保证得到德皇同意，法尔肯海因建议，派皇储指挥的第 5 集团军领先进攻，因为皇储自马恩河之战以来就已经面向凡尔登，地理位置优越。为了自己的计划，法尔肯海因没有把备忘录原文给皇储以及他的参谋长施密特·冯·克诺贝尔斯多夫将军看，而是给了他们一份一般命令，要求“向凡尔登方向，进攻默兹地区”。皇储接到指令后，认为他的目标是攻占凡尔登，这却恰恰是法尔肯海因所不要的，因为假如堡垒在猛攻之下陷落了，他的“使法国把血流尽”的伟大战略就不能实现，而这句话所表达的真正目的正是他所谋求的。

德国的增援军队从久经沙场的部队抽调，3个军于1916年1月转给皇储指挥。在休养营地作短暂休息后，勃兰登堡第3军开到了。到2月中旬，有13个多师部署在阿尔贡、香巴尼和洛林中间或周围的突出部，在一块32平方千米左右的防区，集中了令法国人惊愕的大量兵力，军队的帐篷连绵不绝。皇储有名义上的指挥权，但关键性的决定却是由80岁的陆军元帅戈特利布·冯·黑泽勒和克诺贝尔斯多夫将军作出的。而整个战役的中心战略依然由法尔肯海因将军制订，看来，这场战役就是他的野心之作。

为了这个庞大攻势，德国的准备非常充分，先是把大炮从俄国、巴尔干半岛和克虏伯工厂等处运回，集中排列在进攻现场周围，连同翼侧的武器，有1400多门大炮、542个掷雷器排列在不到约13千米长的战线上，看上去让人惊叹。

在德国的那些大炮中间，有13尊震天动地的420毫米的攻城榴弹炮，威力非常强大。特别凶恶的是掷雷器，它发射装有约45千克高爆炸药和金属碎片的榴霰弹。可以看到雷在一个高高的弓形物上一个连一个滚动着，但看到这种前兆往往为时已晚，这些雷的爆炸可以摧毁整段整段的堑壕系统。另一种可怕武器是130毫米的“小口径高速炮”，它以步枪子弹的速度发射132毫米的榴霰弹，能够使法军来不及觉察到就丧了命。德军的胃口是非常大的，并不满足于这些武器会实现其预期效果，还采用了喷火器。

相对于德国的充足准备，法国指挥部不但不去支持凡尔登，使它成为法国最坚强的要塞，而是实际上拆除了它的远游的几乎全部的防卫措施。两相比较，法国的战略实在是不敢让人恭维。

而且，在1915年年底的时候，法国南锡议员和卓越的军事分析家埃米尔·德里昂上校所写的一份报告，送到了当时担任陆军部长的加利埃尼将军手中。报告强调迫切需要更多的炮、人力和补给，甚至包括有刺铁丝网在内。陆军委员会的另一个代表团去访问凡尔登，进行调查研究，于是霞飞收到了这份被加利埃尼肯定了的报告，加利埃尼的意思是请他提出意见。但是霞飞不但不为他的不恰当做法感到羞愧，还为此大动肝火，以罕见的愤怒斥责他的部下德里昂越级把有关执行其命令的怨言或抗议送到政府面前。后来，在保卫凡尔登的最初时刻，德里昂，这个有见地的军事分析家，英勇牺牲。

二、德军的持续进攻

进攻在1916年2月21日开始。

这天清晨，天气奇寒，德军早早地准备停当，在7时15分的时候，沿着9.6千米前线，隐蔽起来的炮群以每小时十万发的速度，把炮弹射入凡尔登的堡垒综合体。超过200万发的炮弹密密麻麻地落在以凡尔登、布拉邦特和奥尔内的村庄为界的22.5千米左右的三角形地区中，把法军的前沿堑壕都炸得坑坑洼洼了。

12个小时轰击的力量应该是非常强悍的。夜晚来临，德军为了证实这种力量的强大，命令搜索部队在黑暗里匍匐前进，以试探法国的抵抗力。但是直到23日夜间，德军还是没有什么新成就。尽管数量上的优势在火炮方面是7:1，部队方面是3:1，但他们前进的里程只有3.2千米，俘虏的战俘也仅仅3000名。但是第二天的进展还不错，他们攻破了法国的主要防线，俘获了一万名俘虏，得到了65门大炮和大量机枪。进攻的时候，大量的德国火炮轮轮相接，在他们的步兵部队到达之前，射出连续不断的滚滚炮弹，夷平了堑壕，炸毁了碉堡，并把森林炸成碎片，大树倒下，野兽逃窜，硝烟和尘埃弥漫着，到处都是狼藉一片。

相对于德国高昂的进攻步伐，法军显然有些士气不足。炮火的猛烈、气温的低下让法军苦不堪言。法国有一部分士兵是从阿尔及利亚征集来的轻步兵，这些只习惯于阿尔及利亚炎热气候的坚强的殖民地居民，在这里零下 15 摄氏度的气温中，变得脆弱无比。2 月 24 日早晨，一营法国轻步兵冻僵到不省人事，当时指挥的少校也倒下了，一个上尉顶上来担任指挥，但是士兵们并不理睬他，转过身来就逃，足可以证明法军的颓势。这些逃兵并没有如愿跑走，一小队机枪在他们背后开火，列兵们的士气才恢复过来，给以应有的还击。

凡尔登这种越来越危险的境地让法国参谋总长诺埃尔·德卡斯特尔诺和霞飞非常吃惊，他们任命亨利·贝当将军指挥凡尔登的保卫，来制止这个严重危险。

2 月 25 日，贝当就任新职。同天，杜奥蒙被攻占。这座炮台的失陷，是对士气的一个打击。用贝当的话来说，杜奥蒙是整个凡尔登防御系统的希望之所寄，但是还是陷落了。其他炮台呢？在霞飞的调动下，其他炮台每个只有不到 24 个中年炮手，以及一个管理人，安排这么薄弱的兵力，可见调度的不堪。在杜奥蒙炮台前围绕着 7 米宽的干壕河的陡斜坡进行掘壕固守的一个轻步兵师，在连续的炮击下，已经溃散。勃兰登堡军的一支九人巡逻队，在风雪交加和硝烟弥漫中，跋涉到已被放弃和放下来的吊桥处。其他士兵也跟进，直到有 300 个感到惊愕的德军在这座炮台的坑道里徘徊，没有发出一颗子弹，就攻占了这座强大的杜奥蒙堡垒。当然，前提是曾经持续地发送过来 12 万发德国炮弹。

这一胜利让德国沸腾，政府号召用它掌握的所有夸张词汇，宣扬“靠强攻”占领了杜奥蒙炮台，这是德皇亲眼目睹的一个功勋，是无上的荣耀。

而法国这边因为没有补给，使得保卫异常艰难，除一条六米宽、从凡尔登到西南约56千米的巴勒杜克城的次要公路外，德国大炮把所有的路都斩断，已经不可能再通行。沿着这条公路有一条单向窄轨铁路，为和平时期的守军运输补给，但现在是远远不够的了。法国从来没有像现在这样需要道路。于是，公路旁开辟了采石场，几千名本土军士兵和成群平民一起工作，用铁镐和铁锹拓宽和铺砌路面，来保证士兵的运送工作。贝当把前线分成若干防区，以分配重炮、枪弹和其他补给。于是，每天有6000辆卡车可以通过这条公路，平均每14秒钟有一辆卡车，所以，这条公路得到了“圣路”的美称。

凡尔登战役期间，有50多万部队和17万头供拖曳之用的牲畜沿着“圣路”运往前线，这应该归功于贝当在后勤工作上的革新。

但是，更多军队的到达也说明，战火的燃烧会越来越烈，硝烟会越来越浓。

三、两败俱伤

战场上暂时平静了几天。平静意味着更大的风暴即将来临。

3月5日，德国第5集团军在另外一个地方，也就是默兹河的西岸，重新进攻。这对贝当来说是很值得高兴的，因为德军不知道这条防线是由他最新开到和补给最好的部队防守的，这样法军就不会像前几天那么惨了。所以，陷入默兹河对岸翼侧大炮阵地的凶猛交叉炮火射击下的德军，不得不沿着河的东岸延长他们的战线了。

西岸是一个陡岸，德国的进攻以及法国的守卫的交火来得异常猛烈，所以双方都遭受可怕的生命损失。密集的高爆炮弹，使大地震撼，把人体、装备和瓦砾像谷壳那样飞掷到天空。爆炸的热浪把积雪都融化了，弹坑里灌满了融化的雪水，许多伤兵无法挪动，就淹死在里面。眼睛失明和血肉模糊的人摸索着来到洞穴寻求庇护，他们就倒在他们的同伴身上，把他们淋得浑身是血，可怕至极。

意外的是，一个法国炮手无意中击中了有 45 万多颗大口径炮弹的德国兵工厂，引起了这次大战中最大的一次爆炸。这批为法军所不知的弹药，被隐藏在斯潘库尔森林里，但不小心地装上了引信。由于意外的收获和积极的抗争，到 4 月初，整个防区德军的每一门 381 毫米和 419 毫米的大炮，都被法国炮兵摧毁。这两件事情，对以后反抗入侵的这场战争，有很大的影响，甚至可以说起了决定性的作用。

5 月 1 日，贝当离开了凡尔登去指挥中央集团军群，罗贝尔·尼韦尔将军接替了他在凡尔登的职位，他在他的部队中灌输坚决进攻的态度。后来，在敌人被阻止在凡尔登后，尼韦尔的口号“他们不得通过”成了这个国家的战斗口号。

德国继续取得轻微的但意义深长的胜利，直到夏季为止，那时协约国的索姆攻势，使法尔肯海因改变他派遣人力和物资的方向。从那时候起，既没有新到的军队也没有大量弹药运往凡尔登，于是凡尔登惨烈的交战和伤亡状况没有发展到极点。

10 月 24 日，法国用 17 万部队、700 多门火炮和 150 架飞机进行大规模反击，夺回了杜奥蒙炮台。这是夏尔·芒让将军和尼韦尔将军的胜利。从那时起，德军不断地被一码一码打走。12 月 18 日，筋疲力尽的入侵者把凡尔登丢给法军，回到了他们来的地方。

在长达 10 个月的残杀中，双方军队累计发射了 4000 多万颗炮弹，加上难以计数的成百万发子弹。在连续不断的炮击、喷火器、毒气和白刃战的步兵冲锋不能撼动法国防守者时，德国工兵在法国阵地下面挖洞，爆炸了威力很大的爆破地雷，炸成了许多深坑，最深的能达到 30 米。

在这场战役中，法国被打死、负伤、被俘和失踪的人数，累计在55万人以上，而德国则折损了45万人以上。双方的损失都非常巨大。

仲夏时节，德皇已经非常地明白，法尔肯海因的战术，虽然让法国死伤无数，也使德国把血流尽。法尔肯海因于8月28日被迫辞职，毫无保全面子的托词。接任法尔肯海因成为参谋总长的是兴登堡将军，鲁登道夫则被任命为他的第1陆军军需兵司令，这个职位相等于他的副手。

辞职的法尔肯海因被安排到了罗马尼亚战线的集团军指挥官的职位上，因为此前他曾经断言，罗马尼亚在9月中收获庄稼前是不会参战的，但是却在9月的前几天加入了协约国。法尔肯海因肯定想在新的战线上展现才能，挽回他的尊严。

15 无谓的牺牲
——索姆之战

在凡尔登战役的后半程，霞飞为了缓解凡尔登的巨大压力，同时为了迫使德国从俄国战线撤出部队，然后给以致命打击，发动了索姆之战。

这场战役发生在1916年6月下旬至11月，霞飞想调动很大一批部队过去，但是最后未能如愿。由于索姆地区没有什么战略目标，英军的指挥官道格拉斯·黑格爵士接收到了商议，当然，他宁愿选择更便于进攻的像佛兰德这样的防区。黑格并不属霞飞管辖，但他的方针是，如果他感觉不到什么灾祸临头时，在法国以听从法国指挥官的意愿为宜，所以，在他拿不出太多理由反对的时候，就服从霞飞的计划。但他忘记了选择索姆防区是缺乏战术考虑的，而且后来霞飞也并没有在部队的调动上给予他太多帮助。黑格不得不重新面对现实。

一、英国扛起的担子

战争打了一年多，在1916年1月的时候，英国的志愿应募制被征兵制所取代，在此基础上，又从加拿大、澳大利亚、新西兰、南非和印度进一步抽调援军。

对于这次战役，黑格曾经提议推迟一个半月，直到这些后备军使协约国占巨大的优势。他还等待更多的枪炮、弹药。当然，他还被一种新型的秘密武器所蛊惑，想尽早看看效果如何。至于这种武器到底是什么，后面会提到。提议遭到了霞飞的否决，要求趁早动手。

霞飞的原计划还比较中肯，那就是调来两个法国集团军和一个英国集团军，在一条96.5千米的战线上进攻。但是，法国军队在凡尔登被击溃，损失惨重，那么参加索姆之战的人数就锐减了。最后的阵容是，法国部分在一条约39千米的战线上收缩到约13千米。而霞飞开头答应分配的40个师被减少到16个师，但在进攻那一天，只有五个师到场。

所以，从一开始，这个战役的担子就由英国人挑起了。他们最初所占的份额，增加到一个集团军和一个军，共计21个师。八个师的后备军，其中五个师是骑兵，都驻守在后方。

对于这样的结果，黑格虽无奈，但也得接受。

战争开始以来，索姆河一线还是比较平静的，所以促动霞飞在这一战线上去谋求一些作为。但是，他却没有看到德国在沿河的两个方向为加强阵地所作的准备，那简直堪称完美的典范。在这一线，坚实的白垩土中，德国人精心构筑了分隔开来的地下坑道网，深度有12米。这些堡垒包括厨房、洗衣房、急救站等设施，和庞大的弹药储备，还有那时在平民中是罕有的奢侈品的电灯。德国准备了非常多的柴油，为电机提供电力。这个地下综合体隐秘、坚固和完善，即使最沉重的轰击也不会受到什么损害。

而且，对德国防守军队来说，索姆防区提供了最好的有利条件。进出口都隐蔽在村庄住房和附近树林中，而对面山腰上露天堑壕线的白垩土的轮廓十分分明。德军还可以在4.5千米的距离内，对协约国一览无余。德军在白垩土丘陵地带的据点，还有蜂窝状的钢筋混凝土重炮炮位，横断交通壕和防御地堡。防御堡垒逐个升高，迫使协约国的进攻者要冒着火力一级一级地爬上来，这是非常艰难的事情。

在军队的战斗力上，英国显然也并不占优势。这个远道而来的集团军，是为索姆攻势征召的平民，是没有实战经验的训练不足的士兵，他们不能理解老兵的狡猾。这些青年人以颗颗火热的心，想象他们跃出战壕，冲向柏林时的情景，但现实有时候很残酷，他们中间很多人在第一天的冲锋中就死去了，成为战争中众多牺牲者的一部分。

面对法国和英国在侦察上的不作为，德国却一直在关注着对方为进攻所作的精心准备。当法国部队向前沿阵地移动时，德军已经差不多猜准了进攻的日子，并迅速作好应战的准备，等待着英法联军送入虎口。

二、协约国的艰难进攻

最早的进攻发生在6月24日，协约国对德国防线进行雷鸣般的炮兵弹幕射击，炮声响彻大地和天空。在六天炮击期间，发射了比大战头11个月在英国制造的炮弹还要多的炮弹——150万发。如此多的炮弹攻击，是非常惊人的场面，许多协约国士兵在夏夜爬出他们的堑壕，就是要亲自看看在敌人阵地上像星星那样闪亮的爆炸，在他们眼中，胜利即将到来。

德国这边根本就不必有太大反应，只有不多的还击。巨大的完善的地下堡垒和充足的准备让他们可以高枕无忧。而英国的士兵，差不多在这条战线的每一部分，都得爬上山丘去进攻。敌人有瞭望哨，具有俯瞰法国的良好视域和优越感，英国的将士除了看到上面的堡垒之外，什么也看不到，而堡垒每天都在加固。

在德国的堑壕里有一个人怀着期待的心情等待着反击，这个人就是当时还是下士的阿道夫·希特勒，他被战时的热情所陶醉，希望这一刻的继续以及下一刻的到来。

弹幕射击持续了没几天，雨就哗哗啦啦地下起来，雨水使堑壕成为泥沼。而德国炮火使英军不得不蹲在胸墙下面，加剧了他们的不适。

7月7日，天已经大晴，上午7时30分，军官们吹起口哨，部队开始离开他们的堑壕，向前攻击。灼热的太阳晒得士兵浑身冒汗，他们的军服和装备都粘上了泥块。如果仅仅是这样，那还不足以使他们太过苦恼，因为，每个士兵还有30千克的负担，包括两个沙囊、两百多发弹药、一支步枪、两颗炸弹和其他东西，这些装备的重量比全副武装行军时负荷的重量还重。其中一部分人还装载着额外的工具，如野战电话设备、铁镐、铁锹和装有通信鸽的箱子。所以，如果他们不能准确地射击，就是毫不奇怪的事情。

德军反击的活力开始凶猛起来，在英军到达正面堑壕线之前，它的士兵已经成千上万地倒下来了，尸体横陈。德军根据地图上的坐标线，把枪炮火力准确地对准无人地带的每一块毫无保留地发射，黄昏到来时，这片空地上遍布着六万多死伤的英军。在过去历史上的战役中，从来没有哪一天达到如此惊人的损失记录。

而马里·法约尔将军带领的法国部队，比英国人的遭遇好一些，他们的炮兵进攻节奏均匀，可是数量上太少，不能在德国防线上打出一条通道来，所以没有什么进展。

尽管损失重大，英军还是掘壕固守，而且这时候澳新军和加拿大军也已经到来了，这支联合部队的实力得到扩充。

在战斗的过程中，有些战士还缔造了英勇无比的傲人战绩。9月初，加拿大下士利奥·克拉克正在肃清康布雷公路以南攻占的450多米德国堑壕系统的一部分，他的大部分同伴非死即伤，几乎只剩下他孤军奋战。克拉克坚持着，但是后来却在堑壕里面遇到两个军官率领的一队20个士兵的德军。这显然是非常危险的事情，但是这位下士在两次把他的左轮手枪子弹打光以后，用两支被丢弃的毛瑟步枪的子弹射击。一个德国军官把刺刀刺进克拉克腿部，克拉克忍着剧痛扣动扳机，毙掉了德国人，后来又打死或打伤了16个敌人。剩下的五个在恐慌地逃走时，被加拿大人击毙了四个，唯一没有死掉的也成了俘虏。克拉克因此获得了维多利亚十字勋章，但是他没能得到这个消息，因为在这个荣耀的消息传达给他之前，他已经阵亡了，从而显得非常可惜。

三、坦克盲目上阵

1916年9月15日，英军采用了他们的最新研制的杀人利器，也就是前面所提到的秘密武器——坦克。这种武器的研制，几乎可以说是初期战役中德国自动火力引起的高度伤亡率推动的。最初，坦克被制造者称为“机枪破坏器”，它能越过堑壕，并夷平有刺铁丝网障碍物。欧内斯特·斯温顿上校所主创的这种铁家伙，是这次大战中最革命的武器，比攻城榴弹炮或毒气意义要大得多。

但是，英国陆军大臣基切纳勋爵拒绝接受坦克，认为它是一个美妙的机械化玩具，价值非常有限。如果不是丘吉尔干预，这个计划也许永远不会离开制图板。在当时担任海军大臣的丘吉尔的倡导之下，非法为海军建筑总监筹集资金，生产一个操作模型。这个秘密制造基地到1916年8月之前，制造出49辆坦克。当然，这种铁甲利器仍处于试验阶段，坦克的驾驶人员也大都未经训练。但是，黑格不顾参加设计和制造的斯温顿和其他人的意见，命令它们参加战斗，他显然对于这种新型武器寄予了很高的期望。

最后，49辆坦克中，18辆被运到战场。其中拨给加拿大军的六辆，在战斗前或战斗中都毁坏了。只有约十辆坦克隆隆地向吓慌了的德军驶去。一辆坦克的驾驶人员攻占了一个村庄，另一辆坦克夺取了一条堑壕并俘获了300多名俘虏，小有成效。

尽管如此，黑格以这样小的规模把这一巨大秘密暴露给敌人，而且在坦克在机械上还不完善、数量上还不充分和还没有经过适当训练的驾驶员的情况下，就过早使用它们，总是不妥当的。如果再晚些时候，等到武器的研制和士兵的训练达到成熟的条件，再大批量地投入战斗，肯定会比这样盲目使用要对战争有促进得多。

坦克最终也没有起到太大作用。黑格曾经异想天开地让骑兵在德国的重火力攻击下去拼杀，但总是得到惨痛的失败，无数的马匹和士兵都死在了战场上。看到这样不行，9 月 16 日，黑格把五个骑兵师中的三个师调往后方，也就是调到阿尔贝尔城的后面，留下两个师在前方听候调遣。

最终索姆河一线的战斗，是打了一系列仗，最后退化为局部性的残酷袭击，双方对峙着，袭击着，也疲惫着。到 1916 年 11 月，所有的军队都衰弱到了极点，完全筋疲力尽，再也不能发动更多的进攻了，于是这场战役宣告结束。

损失总是非常惨重的，单是英国的被打死、负伤、被俘和失踪的人数就达 42 万人。法国类似的伤亡超过 20 万人，德军则达近 70 万人。而协约国的所得和所付代价相比是微不足道的——一条只有约十千米宽、48 千米长的狭长地带，而缺乏能进攻战略目标的任何有价值的阵地，简直可以说是白白牺牲了如此多的兵力。

霞飞对这场失败的战役负起了责任，在政府大改组中，新总理阿里斯蒂德·白里安罢免了霞飞；而黑格，却经受住了政治大风暴，甚至还升为陆军元帅；作为索姆攻势的间接结果，劳合·乔治担任首相，取代了赫伯特·阿斯奎斯。

16 战列巡海舰的首次交锋

——多格尔沙洲海战

◇ ……………………

海上的战斗不但在遥远的太平洋海域发生了，在欧洲的沿海也时有上演。

若按主力舰队的实力来比较，英国与德国公海舰队相比，约为8:5，占有一定的优势。英国海军部从战争伊始就对德国沿海进行远距离封锁，在主力舰队决战之前，把德国公海舰队限制在北海内。为此，英国舰队在奥克尼群岛上的斯卡帕湾和苏格兰的克罗马特两个基地待机。而此时德国海军的企图是，通过海上游击战来削弱英国舰队的战斗力，然后两国海军便能以同等实力进行交战了。于是，德国舰队部署于设防的赫尔戈兰岛上的火炮阵地和赫尔戈兰湾布雷场背后，在亚德湾的不来梅港和威廉港待机，但每日都派出驱逐舰队出海巡逻，伺机袭扰英舰队，并在黎明时分使用轻巡洋舰队掩护其驱逐舰巡逻队返航。

而多格尔沙洲海战就是在这样的背景下发生的。

一、谍报帮了大忙

德国人也只能靠这种投机的方式来对付英国舰队。但是，时间久了之后，德国人这种千篇一律的活动规律，很快被英国人掌握了，于是反击便很快到来。

1914 年 8 月 28 日，英国海军部派遣蒂里特准将率领两艘轻巡洋舰“林仙”号、“无恐”号和 16 艘驱逐舰于黎明时分袭击赫尔戈兰湾，并命令贝蒂少将率领五艘战列巡洋舰，从斯卡帕湾来这里驰援。上午 7 时左右，蒂里特与德鱼雷艇进行了短暂的交锋之后，将敌赶走。11 时又与德轻巡洋舰遭遇，不久，又有三艘德轻巡洋舰前来助战，英舰处于不利态势，情况对其来说十分危急。

正在蒂里特为此大呼不妙的时候，贝蒂率领的战列巡洋舰赶到了战场。12 时 30 分，英舰上 343 毫米火炮打响了，德巡洋舰“科隆”号和“阿里亚尼”号迅速被击沉。由于贝蒂及时支援，8 月 28 日这一天，英军战果辉煌：德巡洋舰“科隆”号、“美因茨”号和“阿里亚尼”号及 V－187 驱逐舰被击沉，其他五艘轻型舰只被击伤。被俘人员中包括一名德海军将官，开大战中各国海军将官被俘之先例。由于下午离港驰援的德国战列巡洋舰到达太晚，没有来得及参加这场战斗。

德国海军在这一天的损失可谓不小，但英国海军部对此战并不太满意。与之相比，发生在赫尔戈兰湾战斗前一天的一件事，似乎对英国海军来说意义更大。

也就是 8 月 27 日，德国轻巡洋舰“马德堡”号在波罗的海浓雾中触礁沉没。舰上的密码、暗号和信号簿被俄国人打捞上来，并转送到了英国海军手中。被破译的无线电密码在后来的战斗中起了重要作用。令人难以置信的是，德国海军并没有注意到这一点，他们几个月都没有更换舰艇上的联络密码和暗号。

吃了亏的德国人并未就此善罢甘休。他们将报复的眼光盯上了多格尔沙洲。多格尔沙洲是寒暖流汇水处，每年汛期，鲱鱼、鳕鱼群十分密集，是北大西洋最著名的渔场之一，德国海军决定先拿这个渔场上的英国渔船展开报复行动。

时间到了 1 月下旬，这天北海上浓雾弥漫，德国海军中将希佩尔率领一支舰队悄悄离开威廉港，直驶多格尔沙洲。由三艘战列巡洋舰、一艘装甲巡洋舰、四艘轻巡洋舰和 19 艘驱逐舰编成的这支舰队，在浓雾中时隐时现，不一会儿便淹没在北海那阴暗的天际中。此时，坐镇在旗舰“塞德利茨”号上的希佩尔，心中正算计着如何教训英国的拖网渔船并敲掉那些轻型的护渔军舰。这次，英国破译的德国海军密码及时发挥了作用。1 月 23 日午后，贝蒂接到了情报部门的报告：一支德国舰队正驶向多格尔沙洲。按照海军部的命令，贝蒂立即率领战列巡洋舰“狮”号、“虎”号、“罗亚尔公主”号、“新西兰”号、“不屈”号，在戈迪纳夫的轻巡洋舰的伴随下，驶入北海。

二、追击与还击

24日早晨7时30分，贝蒂与在多格尔沙洲东北海域活动的蒂里特会合，集结完毕的贝蒂舰队已拥有战列巡洋舰五艘，轻巡洋舰七艘，驱逐舰33艘。不久，一艘侦察巡洋舰报告：“我舰与敌公海舰队交战。”半小时后，另一艘巡洋舰向“狮”号报告：“敌舰队为四艘，航速24节。”与此同时，希佩尔也发现了远比自己强大的英国舰队。见势不妙的德舰队见偷袭无望，迅速调头向赫尔戈兰湾回驶，企图甩掉英国舰队。贝蒂岂肯就此让眼看到嘴的肥肉溜掉，下令舰队全速追击。

快9时时，带领着英国舰队的贝蒂的旗舰“狮子”号不慌不忙地开始测距射击，不一会儿就击中了“布吕歇尔”号。高速的英国战列巡洋舰追得越来越近了，贝蒂发出信号：“攻击各自的指定目标。”由于有五舰英国军艘和四艘德国军舰，这道命令引起了一些混乱，有一艘德国军舰“莫尔特克”号没有受到任何英国军舰的攻击。不过“布吕歇尔”号因为在德军纵队的最后，又慢又暴露，所以它被命中的炮弹超过了它的“需要量”，很快就起火倾侧并掉队了。

这个时候，正在撤退的德国战列巡洋舰集中向“狮子”号开火，想逼迫它退出战斗。英国旗舰连续中了好几炮，速度慢了下来，开始倾侧，就要掉队了。这时贝蒂发出信号：“攻击敌后部。”他指的是还在开火的德军舰队的最后一艘战列巡洋舰。但是正在“新西兰”号上接替指挥英国舰队的阿奇博尔德·穆尔少将却以为贝蒂指的是原先在德军后部，现在不过是东北方一堆着火残骸的“布吕歇尔”号。穆尔执行了这道他认为非常明确的命令，带领整个舰队和英国轻型巡洋舰一起用暴风雨般的炮弹轰击“布吕歇尔”号。英国取得大捷的良机就这样白白丢失了。那艘老式的装甲巡洋舰在一场激烈的但毫无指望的战斗之后沉没了，而希佩尔的其他军舰却成功地逃走了。

三、英军旗开得胜

面对逃走的敌人，“狮”号在最前面穷追不舍。而德舰队则向东南狂奔，“布吕歇尔”号装甲巡洋舰行驶在希佩尔纵队的最后。8时30分，双方相距20000米左右。狡猾的贝蒂深知，英国的军舰占有口径和射程上的优势，于是下令开火，企图在德舰射程之外就将其重创。“狮”号发射的密集炮弹立刻包围了德舰，激起的高大水柱像一片白色的森林。殿后的德舰“布吕歇尔”号首先中弹，被炸毁的甲板上躺满了死尸。8时44分，“布吕歇尔”号开始用尾炮还击。刚刚下水两年的“狮”号此时急于在海战中建功。刚刚开战不久，贝蒂便下令“狮”号加速到最大航速29节，冲向敌阵。9时43分，率先冲入敌阵的“狮”号，向德战列巡洋舰“塞得利茨”号连发343毫米炮弹。“塞得利茨”号后炮塔被击中，威力巨大的炮弹引燃了重炮装弹机里的火药，猛烈的爆炸使159人丧生，两个后炮塔座失灵，并且迸发出高达几百米的冲天浓烟烈火。但是，“塞得利茨”号上一名军士长的勇敢行动拯救了这艘旗舰。军士长拧开阀门，向弹药库放进了海水，避免了该舰致命的爆炸。

英国舰队死死盯住“布吕歇尔”号不放，所以德舰能趁机集中火力回击冲在最前面的“狮”号。10时左右，“狮”号被德战列巡洋舰“德弗林格尔”号的三发炮弹命中，其中一发炮弹把它的前弹药库打着了，但因放进海水而得救。另一发炮弹炸穿舰体，海水汹涌而入，左舷主机被迫停机，“狮”号航速立刻慢了下来。10时52分，“狮”号全舰电力中断，无法使用无线电和灯光信号指挥作战，不久就落到了队伍的后面。于是，贝蒂指示穆尔率领其他舰只继续追击敌舰，务求全部歼灭敌人。

但是，不久发生的指挥混乱，使得原本希望在即的歼灭战化成了泡影。先是在11时左右，“狮”号发现前方似乎有潜艇的潜望镜，贝蒂怀疑有埋伏的德国潜艇，于是向舰队发出信号：“左转90度转向回港”并升起了“航向东北”的信号旗。由于“狮”号落在后面，贝蒂又命令升起“攻击敌人殿后舰”的信号旗，而“航向东北”的信号旗却没有及时降下。所以两面旗语被误解为“攻击东北方位的敌人”，这正是德舰“布吕歇尔”号的方位。于是，穆尔让跟随他的“虎”号、“罗亚尔公主”号和“新西兰”号调转炮口，与“不屈”号一起，向已遭重创的“布吕歇尔”号进行了集火射击。“布吕歇尔”号两座210毫米的前炮塔失灵，锅炉和舵轮损伤，人员伤亡惨重，千疮百孔的战舰活像一座人间地狱。但它像大战中的多数德国舰艇一样顽强，在它于下午12时13分沉没之前，身中七枚鱼雷和大约100多发炮弹，并一直坚持还击到底。在英舰围攻“布吕歇尔”号的同时，希佩尔统帅的德国舰队趁机与英舰拉开了距离。12时20分，当贝蒂换乘到“罗亚尔公主”号重新指挥舰队，准备继续追歼德舰时，希佩尔早已率舰队逃得不见踪影了。

这场海战是英、德战列巡洋舰的首次交锋。海战自始至终全是大口径远程火炮的天下，小口径炮和驱逐舰一直没派上用场。大口径舰炮首次以超过1.6万米的射程进行攻击。此次海战，德国海军“布吕歇尔”号装甲巡洋舰被击沉，“塞得利茨”号战列巡洋舰受重伤，伤亡1034人。英国海军只有“狮”号遭重创，死15人，伤80人。看来，德国海军重视装甲防护的设计思想是对的。就连被击沉的“布吕歇尔”号，也比“狮”号强。前者在挨了100余发大口径炮弹和七枚鱼雷之后，仍然吸引英舰火力达两个小时，才告沉没。

这次海战发生后，德国人从“塞得利茨”号遭重创的教训中总结出：防止炮塔起火爆炸是确保海战生存的关键。他们马上采取相应措施，把炮弹和发射药分开，分别装在两个钢筒内严加防护，以控制火灾发生。骄傲自满的英国海军不但没有认识到战列巡洋舰炮塔设计的缺陷，反而却得出“大口径炮是胜利的关键”的结论，水手们继续把炮弹和发射药乱堆在一起，对火灾控制工作掉以轻心。

海战过后，德国担心英国会再神奇地预先知道它的海军行动，所以在以后的18个月里德国公海舰队入港停泊，把重点放在潜艇活动方面。在以后，会有更大规模的海战发生，那就是争议不小的日德兰海战。

17 各自称胜

——日德兰海战（一）

◇……………

英、德两国海军力量差距不大，决定了他们必将有一次大战，不然也枉费了两国多年来在海军事业方面的苦心经营。

当时，两国有这么一组数据：英国有37艘“无畏”级战列舰和战斗巡洋舰，对付德国的23艘主力舰；在大炮威力方面甚至占更大优势——168门343毫米和381毫米口径的大炮和104门305毫米口径大炮，对德国的176门305毫米口径大炮；英国还有34艘重、轻巡洋舰，对德国的11艘巡洋舰；驱逐舰的对比是80艘

对63艘。

1916年1月新上任的德国公海舰队总司令赖因哈德·谢尔海军上将非常好斗，长久以来，他对于英国对德国海域的封锁感到不满，虽然他避免同较强的英国海军进行全面战斗，但是总是会伺机挑衅。他沿着英国沿海地区开始了一系列打了就跑的袭击，意欲吸引英舰追击，如果形势对他有利的话，他就要向这些英舰进攻，常常，多雾的天气阻止了英海军的追击。虽然这样的战术有时候也极为有效，但总归是小打小闹，他一直在想一个完美的计谋，以此来大大削弱英国舰队。

一、不约而同的计谋

5月30日这天，对谢尔来说是意义重大的，因为他制订出一个方案，能够把皇家海军诱入圈套。他把这个方案的核心任务交给了弗兰茨·冯·希佩尔海军上将，希佩尔指挥着游弋在挪威海岸由轻巡洋舰和驱逐舰组成的海军中队。他希望希佩尔和他的海军中队充当诱饵，好让英国舰队悄悄上钩。谢尔推论，英国人是不会派出整个舰队来拦截一次有限的侵袭的。在80千米之后跟踪着的，是谢尔指挥的公海舰队的全部力量。如果英海军出击，希佩尔进行象征性的抵抗后就转舵，把追击者引进谢尔的大舰队的射程内，这样，他们定能够歼灭吸引来的英国船只。

英国的谍报非常及时，德国的出航计划在前一天就被英海军知道了，但谢尔的目的英国却不了解。德国威廉港的无线电台，继续用谢尔的旗舰“腓特烈大帝”号的呼号广播，使英国海军部认为德国的主力公海舰队仍在港内。将近5月底，英国海军译电员截获了突然出现的大量无线电通讯，表明有异常的海军活动。在看到苏格兰海岸外有一队潜艇时，更增加了英海军的怀疑。

英国海军上将约翰·杰利科和海军中将戴维·贝蒂都感觉到有意外的行动，于是也想出了一个方案——这个方案可以说是跟德国的方案简直一模一样。那就是要诱使谢尔攻击表面上较弱的英国舰队，经过短暂的互相炮击后，英国舰队将退向潜伏在地平线外的英国主力舰队，把德国舰只引向虎口。

1916年5月31日2时左右，希佩尔指挥着德国前卫舰队从亚德湾出航北上，主力舰队随后跟进。希佩尔的战列巡洋舰部队气势汹汹，五艘战列巡洋舰排成纵队，驱逐舰作掩护，轻型巡洋舰和驱逐舰在前方排成扇形进行侦察，希佩尔的旗舰2.6万吨的“吕措夫”号，在稀薄的海雾中威风凛凛。等希佩尔完全离开海湾在海上向北行驶后，公海舰队总司令谢尔亲自指挥的德国战斗舰队排成单纵队跟在后面，共有16艘“无畏”级战舰、六艘“前无畏”级战舰和一些起掩护和侦察作用的轻型巡洋舰和驱逐舰，可谓势力雄厚。

希佩尔的海上中队驶向丹麦海岸直到斯卡格拉克，这个北海伸出的129千米宽的一条海峡，把丹麦和挪威分割开来。谢尔所以选择这条路线，在于使沿海地区众多的英国间谍，得以报告德国部队的所在。为了进一步表明他的方位，希佩尔的无线电发报机不停地发报。德国人透露的东西确实比他们想透露的多。英国东海岸的无线电探向站，辨出2.8万吨的“巴伐利亚”号是德国海军的主要无线电通讯部队。

当日夜里，英国主力舰队循着岔开的路线向东行驶，在挪威海岸以西约80千米处再和贝蒂的舰群会合。贝蒂的诱敌深入舰队由四艘战列舰和六艘战斗巡洋舰组成，而希佩尔的海军中队则包括五艘战斗巡洋舰。

英国海军有一艘旧轮船改装的水上飞机母舰“坎帕尼亚”号，预定随同贝蒂的舰群航行，但由于发生指示性差错，母舰舰长直到贝蒂离开以后90分钟才接到他的命令。杰利科在午夜首先得知“坎帕尼亚”号不在，到凌晨2时，他才知道它已经离开斯卡帕弗洛。杰利科得知这艘母舰是在没有护航的、潜艇很多的水域中航行，非常吃惊，马上命令它返回港口。殊不知，由此而造成的缺乏空中侦察，对这次海战产生了重大影响。

二、大海战拉开序幕

5月31日午后2时，杰利科亲自指挥的英国战斗舰队正在离挪威海岸90海里的某地。24艘“无畏”级战舰排成并列的六行，驱逐舰作掩护，巡洋舰在前面侦察。战斗舰队东南方70海里处，更接近正在开来的德国舰队的是海军上将戴维·贝蒂的战列巡洋舰编队和通常跟随他的轻型巡洋舰和驱逐舰，配属给贝蒂的编队的还有海军少将埃文·托马斯指挥的一支由四艘快速“无畏”级战舰组成的分舰队，他们之间的配合已经非常默契。那时，希佩尔的小舰队在以东56千米，按平行的航线向北行驶，同时谢尔的主力舰队以80千米的距离跟踪在后。如同英国人不知道德国公海舰队全部驶来一样，这两位德国海军军官也不知道贝蒂就在眼前，双方的情况非常一致。

这里是日德兰半岛的水域，就这样，还算平静的水域上同时有着四个庞大的海军编队，其中英国军舰49艘，德国军舰99艘，双方的士兵都一样兴奋和着急，他们都不知道等待他们的是什么。

仅仅是几分钟后，贝蒂的舰只转而向北，东侧翼的一艘轻巡洋舰“加拉蒂”号上的瞭望员，看到远方的丹麦不定期货船“N·F·弗约尔”号喷出异常多的蒸汽。于是，“加拉蒂”号离开编队，前往查看。几乎同时，希佩尔的掩护两侧翼的轻巡洋舰“埃尔平”号，看见了这同一只船，转轮向它驶去。这两艘轻巡洋舰差不多同时互相认了出来，火速向各自舰队发出警讯：发现敌人！

前面已经说过，如果航空母舰同贝蒂的中队一起航行，对德海军有利的这场遭遇战是可以避免的，因为敌对双方很可能在再往北的地方遭遇，那就在杰利科的主力的射程之内了。但现实就这么由着既定和巧合向前发展。

“加拉蒂”号和“埃尔平”号相向全速行进，于下午2时52分相互齐射后停止战斗。双方都没有什么损失，只有一发哑弹落在英国船上，当一个水手拣起炮弹，扔向船外时，他的手被烫焦了，在甲板上拼命地嘶喊。在夜幕降临前，总共248艘战舰——英国149艘、德国99艘和约十万名海军，在640多平方千米的海面上，展开了一场凶猛的大战。

英国方面，贝蒂指挥所有舰只“处于全面待战状态”，然后急忙下了一道轻率的命令。他命令他的六艘战斗巡洋舰以每小时25海里的最高速度走在前面，同时他的四艘较慢但更有威力的战列舰则落在后面。贝蒂企图同包括希佩尔的“吕措夫”号在内的敌军五艘战斗巡洋舰交战，而牺牲了他在数量上近乎2:1的优势。

而希佩尔依照计划，被英海军发现后，就遵照谢尔的嘱咐，折向东南，向等在那里的主力公海舰队驶去。贝蒂的中队尾随着，希佩尔在19.2千米处开炮。这位德国海军上将主要关心的，是英国343毫米和380毫米炮群对付他的279毫米和305毫米大炮，虽然在射程上不占优势，但是在短暂的互射中，德海军的射击技术大大胜过了英海军。

贝蒂的旗舰“狮”号和“虎”号一再被击中，这场大海战就以这两艘舰只的负伤拉开了序幕。

三、战火在蔓延

炮弹“嗵嗵”地飞起来，德国的齐射致使的爆炸使英军船壳的钢板都变形了。下午4时，一弹洞穿“狮”号炮塔中部，爆炸了，火药和弹片裹挟着船体的碎片飞溅开来。在这场爆炸中，只有炮塔指挥官、皇家海军陆战队少校F·J·哈维在爆炸中幸存下来，他在死亡之前做了一件他应该做的事情，从而让这艘船存活了下来。爆炸炸开了炮塔的炮闩，使火药袋着了火，火势异常凶猛，也许十分钟便足以把船全部烧掉。哈维的双腿被炸断了，这个垂死的少校通过传声管下令向弹药库放水。哈维的英勇被记载下来，死后被追授维多利亚十字勋章，以表彰无上的光荣。

英海军的“玛丽女王”号是一艘装有343毫米大炮的2.6万吨的战斗巡洋舰，德海军穿甲炮弹的一次齐射，穿过了它的228毫米厚的钢板，这让人异常震惊。据一位目睹者说，在“玛丽女王”号被击中的地方升起了一小阵看来像煤灰那样的尘雾，此外再也没有什么了，直到几分钟以后，前面又冒出可怕的黄色火焰和一大片浓密的黑烟，而这艘船本身则再也看不见了。最后，在它的1275名船员中只有可怜的九名得以捡回性命。

紧接着，“不屈”号被从力量相等的2.1万吨的“冯·德·塔恩”号射出的两枚炮弹击中。30秒钟后，既看不到烟，也看不到火，这只船一声震耳欲聋的爆炸，就跟“玛丽王后”号那样，弹药库爆炸了，各种东西都被炸到高空，一只15.2米的蒸汽推动的舰载水雷艇被炸到约61米高，最后，这艘舰艇连同1017名船员一同葬身海底。

贝蒂中将歪戴着帽子，在“狮”号的舰桥上走来走去，眺望海上的景色。他看到被击中舰只上的火焰直冲天空。炮弹飞入水中爆炸击起30米高的喷泉。死鱼在水面漂浮，到处都是。在海面上上下起伏的是挣扎着的人们、血肉模糊的尸体和破船的碎片。贝蒂的两只船已被击沉，除“新西兰”号外，其余的船也都受伤。尽管伤亡如此，贝蒂依然决心继续小规模战斗，深信四艘“无畏”级战舰不久就会和他会合。

随后，德国炮弹突然击中“皇家公主”号，把它包围在烟雾和火焰之中，眼看着命运不妙。

不久，海军上将埃文·托马斯率领的战列舰中队“巴勒姆”号、“马来亚”号、“勇敢”号和“战仇”号前来和贝蒂会合。看

来，谢尔的伏击贝蒂的方案现在已被挫败。

离“狮”号最远的一艘轻巡洋舰，在下午4时望见了谢尔的大舰队，立即通知杰利科和贝蒂。贝蒂继续按原来方向航行，直到德国主力舰队隐隐呈现在地平线上为止，然后180度转弯，全速向北行进，以谋求杰利科的大炮的保护。埃文·托马斯没有看见转向的旗号，所以，他的战列舰成为敌舰炮火的目标，在中了一些炮弹之后，慌忙地避开德海军。而“巴勒姆”号和“马来亚”号也被数次击中，“战仇”号的操舵装置在慌乱中暂时失灵了。当然，德国舰队也不是没有一点损伤的，“冯·德·塔恩”号的每一门炮都被扭曲成无用的残铁，“吕措夫”号勉强靠自己的蒸汽继续航行，时刻都有被击沉的可能。

战斗进行到此时，战火蔓延得到处都是，双方已经处于胶着状态，好像每一方都能看到胜利的希望，因为都有所依仗，至于最后的战果如何，也不是一时半会儿能够决定得了的，所以他们都不会去想。他们更不会想到，最后双方都有着莫名的喜悦，然而究竟是谁的胜利，其实还颇有悬念。

18 各自称胜

——日德兰海战（二）

◇………………

战斗继续着，下午5时30分，德国先遣驱逐舰看到几艘英国轻型舰只从东北向它们驶来。这些舰只都是侦察舰，属于海军少将霍勒斯·胡德指挥的由三艘战斗巡洋舰组成的舰群，是杰利科派来加强贝蒂的中队的。在短暂的交锋中，德国轻巡洋舰“威斯巴登”号连续遭到猛击，和它的大部分船员一起沉没了。两艘驱逐舰，即德国的V-48和英国的“鲨鱼”号，也同归于尽，德国海军遭受的损失在此刻还是没有英国舰队的损失大。

而两艘陈旧的英国巡洋舰，1.5万吨的“防御”号和它的姊妹舰“勇士”号，在5.5千米处和希佩尔的战斗巡洋舰交战正酣。但是英舰不敌德舰，四分钟内，“防御”号被炸裂，它的908名船员悉数阵亡。而“勇士”号也没有得到好的命运，虽然维持到第二天，但在被英国舰艇拖进苏格兰港口时，终于坚持不住，沉入了海底。到此为止，德国的成绩是击沉对方三艘战列舰、两艘战斗巡洋舰和三艘驱逐舰，自己只损失了一艘轻巡洋舰和两艘驱逐舰。

尽管双方各有损失，但真正的主力舰队还没有遇到一起，但这就是接下来要发生的事情，导致了战斗结束后双方都宣称胜利的结果。

一、主力舰队相遇

此时，这两只大舰队正互相向对方快速靠拢，但只有英海军知道这回事，而德国舰队并不知情。杰利科利用无线电不断地和伦敦海军部通讯，那里的破译专家——被缴获的德国海军密码簿放在他们面前——截住谢尔、希佩尔和柏林海军部之间往返的电讯。依靠无线电探向器和德国海军的北海平方面积海图，英国技术人员确定公海舰队正在变动中的方位——最高新的技术使得德国舰队的行踪几乎一览无余。下午 5 时 45 分，杰利科接到通知，知道了敌人在七八十分钟前在什么地方，于是，他就开始部署自己的队列。

在杰利科的安排下，英国舰队以每四艘战列舰成一行、六行并列的队形向南航行前进。每行相距 1830 米，每只船相隔 457 米。这种队形其实是不合战斗需要的，因为只有少数火炮能向前射击；只有各舰依舷侧排成一行，容许每舰的船头炮群和船尾炮群同时瞄准，才能发挥最大限度的火力。而要把战列舰部署成舷侧单行，则需要四分钟时间，但这种动作的先决条件是要敌舰正好在前面，并且已经知道它的准确距离。如果敌人迫近左侧翼或右侧翼，则用另一机动动作，使舰队可以向进攻的兵力列成舷侧单行。杰利科之所以不这么做，是因为他还不知道谢尔的具体的航向和方位，而这样便于灵活机动。

下午6时，杰利科的“铁公爵”号和贝蒂的“狮”号在海面上可以互相看见对方了。杰利科发出信号问道：“敌人的作战舰队在哪里?”但没有接到回答，因为贝蒂把谢尔的舰队丢失了。十分钟后，杰利科再一次提出这个问题，过了四分钟，贝蒂用闪光灯信号回答他：“已经望见敌人作战舰队的方位在西南偏南。”那么，德国舰队正好向英国主力舰队的右侧翼行进。杰利科研究了一下罗盘，然后下令向左舷散开。几秒钟内，他的左纵队全速向前行进，其他五个纵队顺利地鱼贯而行，直到24艘“无畏”级战舰排成一条13716米长的作战单行，向东南行驶。

相对于英国的信息优势，在杰利科变换队列的同时，谢尔并不知道英国主力舰队就在离他们不远的地方。不多久，东北地平线变成一片银白色和橘黄色闪光的全景，然后以一阵冰雹般的巨大爆炸炮弹飞来时，他的轻型侦察舰只几乎来不及向他发送危险信号。杰利科正在做“T”字的战略机动动作，使谢尔的一艘接着一艘的成行舰只，在发挥炮火威力方面大大受到阻碍，而英国主力舰队却因为火炮射程的优势，能够用所有大炮轰击德军舰队。

有利的条件几乎全在皇家海军这边。除炮口发出的闪光外，杰利科的舰只被东方天空的阴暗和德舰烟囱里吹向东方的浓密煤烟所遮蔽，所以很好地隐藏了自己的踪迹。十分钟内，谢尔的前沿舰只至少受到12次使之丧失战斗力的命中。“柯尼格”号燃起大火，“吕措夫”号的船头几乎在水线以下，它不久便沉没了。“冯·德·塔恩”号的上层结构崩塌，大炮歪倒在躺满着已死和垂死的人的甲板上，狼藉至极。

谢尔并没有浪费过多的时间。下午6时36分，他当机立断，发出了标准的海军命令“转向右舷作战”，根据这项命令作战队形转向右舷，倒转航向，各舰一齐转了个180度，然后在薄雾中消失。在逃遁之前，德海军进行了一次突击。虽然“德弗林格尔”号已被命中数次，但它依然坚持着向胡德的旗舰“无敌”号发射了一次齐射。雷鸣般的爆炸把这艘1.7万吨的船炸为两半，这艘旗舰船体折在一起，船首和船尾冲向天空30米，然后这两半截连同全体船员一起沉没了，船上共有1026人。

德国海军就这样痛快地猛击一阵便撤退了，杰利科唯恐他的舰只遭到敌人丢在后面的水雷或驱逐舰发射的鱼雷的损害，没有去尾随敌人，而是命令他的舰队倒转航向。于是，这时候，两个对手谁都望不见谁了。在接着发生的短暂平静阶段，杰利科把他的舰队改编成六个纵队，并把航向改为西南，意欲使他的舰只在公海舰队和德国之间成为一道障碍，企图截击。航向的稍稍改变，又使杰利科的舰队在谢尔和他的国内基地之间组成一个浅浅的新月状队形。时间在消逝，天色在变暗，薄雾也浓起来了，弥漫在海面上。

二、逃跑与截击

德国舰队在飞快行驶，谢尔在接近7时的时候看到了英舰队，决定穿过英海军的后面向本土突进，但他计算错误，因为杰利科并没有像谢尔想象的那样向南行驶很远，所以，向东转向的德国队伍又在浓烟和迷雾中迎头恰好对准了英国战斗舰队的中央部分。这时英国舰队的“T”字形比以前更有威胁性了。条件再一次对杰利科的舰队有利。谢尔的舰队在西方仍然光亮的天色下现出轮廓，而在德国观测目标的人员看来，英国舰队却只有模糊的形状。

在发现德海军四分钟后，杰利科稍稍改变航向以便缩短射程，并在2740米外开炮。此后的15分钟，是大炮怒吼和炮弹爆炸的震耳欲聋的地狱景象。舰只像幽灵般地从薄雾中钻出，齐射了一两次，然后又消失了。前沿的德舰都被集中的炮火所覆盖。除炮口的闪光外，谢尔已经看不见他的敌人。

这时候，虽然不知道英国舰队的确切位置，但显然他们已经成为令人生厌的幽魂，时刻威胁着德军的生死存亡。为了转移英国对他的主力舰队的注意，谢尔下令施放烟幕，以便德国驱逐舰发射鱼雷，但所有鱼雷都没有中的。随后，谢尔指挥他的战斗巡洋舰冲向敌人。在这个保护性的烟幕后面，公海舰队的其余舰只再一次掉转航向。当最后一批舰只赶快驶离英海军后，巡洋舰也脱离战斗，和它们的舰队会合。损坏得很厉害的“吕措夫”号被丢下来任其沉没，同时希佩尔换乘“毛奇”号。

由于受伤后不断的猛烈改变航向，许多德国军舰进一步受损，大量海水涌进裂口。所有战斗巡洋舰都载着1000吨甚至更多的海水；“赛德利茨”号甲板下面虽有5000吨水危险地晃动着，可它还是继续航行。而在“德弗林格尔”号上，躺着500多个死亡的战士，主炮塔成为一片废墟。戴着防毒面具的幸存船员，踉踉跄跄地躲避下面的火焰发出的致命烟气，疲惫而无力。

杰利科所担心的依然是鱼雷，转向与向西逃的德国人相反的方向，于是又错过了一次机会。到此为止，他至少已经错过了三次追击的良好时机。

两军之间的距离继续扩大着，直到晚上8时，杰利科感到已够安全，可以掉头跟踪德国人了，但黑暗使他剩下的胜利机会消失了。8时25分，贝蒂的快速战斗巡洋舰开到向西航行的若干德国舰队的射程内，并且开炮。德海军以若干次齐射回击，但不久双方都望不见对方了。夜色实在是太浓了。

几乎整个前半夜，杰利科不愿恢复战斗。他的较长的大炮射程和数量上的优势，对付偷偷摸摸地进入鱼雷射程的小船，占不到便宜。而进一步的危险在于，在黑暗中的意外碰撞或互相射击将危及他的舰只。他知道，谢尔返航的航线将是通过德国布雷区的三条水道中的一条。他打算在谢尔和德国海岸之间的几条途径巡逻到清晨，在白天结束战斗。

杰利科把舰队改编成三个平行的纵队，把驱逐舰部署在船尾2740米的地方，以防鱼雷。任何被那支纵队看见的战舰，就要被认为是敌人。9时17分，这个编队向南巡航，以贝蒂的中队为前卫。一只布雷艇驶到丹麦海岸外面去封锁合恩礁水道，这是谢尔三条可能逃遁的途径之一，必须要小心谨慎。

就这样，两支敌对舰队按大致平行的航线航行，相距约十千米，都在轰隆隆地向前行驶。谢尔十分希望避免再一次战斗或更远离德国海岸，所以他决定必要时冲过英国的前哨线，获得自由的机会。

三、谁的胜利

虽然海上的逃遁与追逐在悄然进行着，虽然两只舰队的封锁和反封锁一直没有停顿，虽然不知道是谁的胜利，最后也没决断出究竟是谁的胜利，但战斗的最后一幕已经打响。

最后的激战从11时30分开始，一直持续了三个小时。

那时，朝着合恩礁东驶的德国舰队的先头部队，和英国的后卫驱逐舰遭遇。随之而来的，是双方舰只混乱的碰撞，在照明弹、探照灯和着火舰只的炫目光辉下进行疯狂的战斗。午夜后几分钟，英国巡洋舰“黑太子”号向重型舰只的模糊轮廓驶去，显然相信它们都是友舰。伯纳姆舰长发出信号，要求对方回答当天的秘密口令，而回答来得很快。强烈的光束笼罩住了这艘巡洋舰，四艘德国的战列舰从舷侧开炮，使它变成一团巨大的火球。在震撼夜空的爆炸声中，“黑太子”号连同37名军官和825名水手一同消失在了海面上。

一艘英国驱逐舰向陈旧的“波默恩”号射出鱼雷，于是陈旧的“波默恩”号遭受到了沉没的命运，这是德国在这次战斗中丧失的唯一主力舰；希佩尔的轻巡洋舰“埃尔平”号在和战列舰“波森”号的一次意外相撞中双双沉入了海底，像这样的伤亡在混乱不堪的形势下实属正常；英国驱逐舰“喷火”号撞上了德国战列舰“纳绍”号，只有几个人侥幸生还；英国驱逐舰“蒂珀雷里”号的舰长温图尔匍匐下来，一颗敌弹飕的一声窜过他的头顶，打掉他的帽子，在他头皮上留下一条浅槽，后来这只驱逐舰也倾覆了。

在混战中，谢尔的舰队脱身出来，继续向合恩礁快速行驶，在凌晨3时30分到达。两艘英国战列舰在不到约五千米距离的地方监视着，但没有通知杰利科。英国海军部发来的电报通知他，公海舰队可能向合恩礁航行，但细节则模糊不清。拂晓时，杰利科恢复他对脱离主队舰只的搜索，但一无所得。4时15分，海军部报告说，谢尔将要安全到达合恩礁。忙了几乎一夜，拦截的希望就这样破灭了，把英国的幸存者都打捞完毕后，失望的杰利科向斯卡帕弗洛驶去，结束了这次截击。

日德兰战役虽然结束了，但双方对结果却有颇多争议，双方都自称胜利了，都在热烈地庆祝。从有形的标准来看，德海军所受的损害较小，伤亡也较少。英海军共计损失三艘战斗巡洋舰，三艘轻巡洋舰和八艘驱逐舰，三艘其他舰只受到重创，伤亡人数6945人；德海军损失一艘过时的战列舰，一艘战斗巡洋舰，四艘轻巡洋舰和五艘驱逐舰，四艘其他舰只受到重创，伤亡人数3058人。从实际吨位看，英海军损失11.5吨，德海军则损失6.2万吨。按照双方8:5的海军实力的比较，这次的损失和伤亡的比例也几乎接近。

但是，德国在技术上的熟练显然胜过英国人，他们装有定时信管的穿甲弹穿过英国船壳爆炸，具有很大的破坏作用；而英国炮弹不能穿过敌舰钢板，往往碰上就炸。

德国船上的甲板在长射程的炮战中提供了较好的防护，鱼雷在它们加固了的舷侧爆炸，造成的损伤也较小。而且，德国在信号技术、测距和夜战设备方面，也都超过英国主力舰队。

而在对舰只来说至关重要的防火系统方面，德海军更是优越得多。炮弹在德国炮塔里爆炸，不会引起进一步的损害；防护得很好的垂直通道，防止火势下窜到弹药库。至少三艘英国战斗巡洋舰的炸裂，是由于炮弹在炮塔里爆炸时，引起了下至火药甲板的一系列炸药的爆炸。没有一艘德国舰因这类缺陷而丧失。英国海军设计师集中注意力于速度和大口径大炮，而忽视了其他必要的改进，这些缺陷在这次战斗中是很明显的。

贝蒂中将就因为对皇家海军的缺陷感到惊恐，这种缺陷他在日德兰之战前早就应该知道了，所以在这次海战中打得异常保守，一直在避免着大规模舰队之间的对垒。

这次海战后，谢尔向德皇提议展开无限制潜艇战，“哪怕冒同美国作战的风险也罢”。同英国人自称的相反，德国公海舰队并没有被围困在港内。1916 年 8 月、10 月和 1918 年 4 月，谢尔领导了三次突围，出击协约国的航运。英国海军在上次海战中丧失了许多次机会之后，再也无力摧毁德国海军，从而粉碎了把波罗的海向俄国开放的一切希望，这也许加速了沙皇政府的垮台，但这是否影响到战争结束的早晚却无从证实。

19 水下的较量

——潜艇战

◇ ……………………

海里的交手不光是在海面上进行，在深深的海水里，也时刻隐藏着危险。

潜艇的历史最早可追溯到文艺复兴时期的列奥纳多·达·芬奇，这位著名的天才博学多艺，在很多领域都有所建树，而作为军事工程师，他最早构思“可以水下航行的船”。16 世纪，真正的潜艇出现，经过多年的发展，不但航速、吨位大大增加，战斗力也在增强。

潜艇最初只是用来侦查，后来 18 世纪下半叶美国独立战争期间才第一次投入作战。

而在第一次世界大战中，德国是最先认识到潜艇潜力的交战国家。海军军官原来把这种舰艇看做是侦察部队，或保卫港口对付来自海上进攻的防御船只。在大战最初几个星期中，潜艇被用于以机枪扫射北海的英国拖网渔船，但在英国船也装上机枪，或由武装巡逻艇护航时，就不再这样使用了。大战开始时，英国有36艘潜艇，全都用作海岸巡逻；德国有28艘，但只有10艘能巡航到3218千米的地方。

尽管双方当时的潜艇数量都不多，但在大战初期，潜艇已经显出它的能耐，并且首先得到了德国的欢迎。

一、德国潜艇的严重威胁

1914年9月，32岁的奥托·韦迪根第一次出勤，他指挥着U－9潜艇，心中充满激动。9月22日拂晓，他的航海日志记录着321千米平静无事。韦迪根躺在荷兰海岸外水面下1.8米，决定在返回威廉港之前，通过潜望镜作最后的侦察。韦迪根突然紧张了起来，因为从朦胧的轮廓，他立即辨认出是三艘英国装甲巡洋舰的形态！韦迪根立即悄悄地靠近，并做好战斗准备。

6时30分，在水下四米左右，当“阿布柯尔”号驶入他的射线时，韦迪根发射了一枚鱼雷。“阿布柯尔”号的舰长误以为是水雷爆炸，发信号给其他两只船靠近些，以搭救幸存者。但是，这只船沉没得太快，甚至没有来得及放下救生艇，船员们就纷纷落水了。

而英舰“克雷西”号看到势头不妙，放下救生艇时，U－9发射了又一枚鱼雷，但是没有使它遭到足够大的创伤。韦迪根先不管“克雷西”号，因为这时候，“霍格”号正在向四周乱开炮。在没有移动方位的前提下，U－9对着它发射了第三枚鱼雷。然后，才朝半浮着的“克雷西”号又一次发送鱼雷，把它给击沉了。

英国共有1600多人丧生，这场突如其来的战斗把他们打得晕头转向。

但是德国不但攻击协约国的舰艇，也对在不列颠诸岛周围的、被德国政府宣布为战区的这片水域上的所有船只大开杀戒，不论是敌人的或中立国的，都没有区别。终于有一天，德军惹恼了美国人。

这件事发生在1915年5月1日，美国的巨型邮艇“卢西塔尼亚”号从赫德森河的停泊处回来，驶向利物浦。同一天，德国潜艇U－20从埃姆登溜出来，搜捕协约国的航轮。

丘纳德轮船公司自豪地称赞“卢西塔尼亚”号是现在在大西洋中航行的最快和最大的轮船，它的最高速度是每小时25海里，比任何潜艇快两倍。英国海军部在半个月前强烈建议船长要靠曲折的航行来大大减少潜艇突击成功的机会。因为当战舰在潜艇经常出没的区域巡航时，总是采取这种航线的。潜艇的水下速度很低，除非它能记住和预知被攻击船只的航线，否则要进入发动攻击的方位并非易事。

但是丘纳德公司的董事们对英国的警告没有在意，命令“卢西塔尼亚”号以标准速度航行，以节省煤和劳动。而船长威廉·特纳也忽视了在显然危险的水域里采取曲折航线的建议。

U－20在瓦尔特·施魏格尔的指挥下，已经击沉了两艘英国轮船和一艘帆船。然后它于5月7日半浮在离爱尔兰东南海岸金塞耳老岬约19千米的海面上，当他正在返回基地时，瞭望员望见了一艘轮船，那正是“卢西塔尼亚”号。于是，U－20潜到水下13米，以全速前进，开到轮船前面的攻击方位。

时间过去了一个小时，潜艇已在这艘239米长的轮船的一千米距离内，施魏格尔发射了一枚鱼雷。“卢西塔尼亚”号上的大部分乘客午餐刚毕，都在甲板上眺望爱尔兰海岸。他们恐怖地看到鱼雷激起的一道泡沫，向自己所在的邮轮快速冲来。

鱼雷成功地击中了右舷的舷门后面，爆炸非常强烈，引起一片巨大的烟云，喷得比烟囱还高。随着鱼雷爆炸之后，或许是锅炉或者煤引起了第二次爆炸。中弹点上面的上层结构和舰桥，都被炸得粉碎，邮轮燃起了大火。右舷倾侧得很厉害，船首很快下沉，好像它任何时候都会倾覆。船上非常混乱，不知所措的人们急急忙忙地放下了一些救生艇，但是索具放松很不平衡，以致有时装满了人的小艇从船首或船尾先碰到水，立即沉没。

在被鱼雷击中后18分钟，被称为“大西洋王后”号的“卢西塔尼亚”号消失于波涛之下，船上1198人牺牲，其中有291名妇女，94名婴儿和儿童。

美国人异常愤怒，指责德国的舆论闹得沸沸扬扬，但是德国却为这次鱼雷攻击辩护，指责“卢西塔尼亚”号是一艘装运炸药和军火的战舰，因为这只船的舱单列出4200箱轻武器子弹和1271箱退膛的榴霰弹。

灾难消息在整个德国被欢呼为伟大胜利，但是反德偏见迅即传播在向来宽容的整个英国。人群打破了德国人所有店铺的橱窗，捣毁了店里的东西，警察感到有趣地在旁边看着。德国出生的人被从伦敦交易所和国内其他地方的交易所驱逐出来。政府清查了已经登记的1.9万敌侨，并把年龄在17岁至45岁之间的所有德国男人都拘留起来，作为愤怒的回应。

美国总统伍德罗·威尔逊在给柏林的一份严厉照会中，抨击这次击沉是违反国际法和对人类的犯罪。以前从来没有一个中立国，在不使用武力的情况下如此愤怒地向一个交战国挑战的，但德国的恶行这次确实把美国惹到了。美国的警告使德国外交部清醒起来，因为它害怕美国的军事潜力，但是海军军官们加以嘲笑，他们确信能够在公海上轻易地打败美国。

德皇最终被海军将官们的热情所影响，决定继续进行无限制的潜艇战，而这最终将改变对德国的形势。

二、伪装猎潜舰的反击

面对德国这种破坏协约国贸易的张狂至极的举动，英国人实在是太愤怒了，但是他们一直在研究可以制敌的方法和计划。德国的潜艇一度成了他们非常头疼的事情。

最终，一位无名英雄提供了解决的办法。德国的无限制潜艇战是针对武装商船的，不加警告就把它们击沉了，但对非武装商船特别是帆船，在船员登上救生艇之前是不予击沉的。敌人的登船队接着上船掠夺战利品，然后用炮火把这只船击沉，以节省鱼雷。

根据此，伪装猎潜舰被设计出来，可以完美反击德国的这种做法。

当惊喜地望见一只陈旧的不定期货船沿着贸易航线笨重地缓缓航行时，德国指挥官把他的潜艇升上水面，向货船的船首一侧开一炮，令它停航。事前经过排练的“惊慌的一伙”军官和水手急忙冲到救生艇那边。有时这些伪装人员中间，有一个穿了船长服装的水手冲出来，高举着装在鸟笼里的一只色彩鲜明的鹦鹉，你们可以想象，这一景象往往把德国人逗乐了。也就在同时，隐藏的304毫米炮都瞄准载了掠夺队靠近过来的潜艇。当潜艇进入射程时，大炮周围伪装的护墙随着铰链倒下，英国皇家海军旗也扯上了桅杆。在潜艇能够发射它的甲板炮或急速潜没之前，它成为致命的炮火的目标，最终被无情地击沉。

但是，英国的这种战法却在偶然中被德国获悉。这要说道尤勒斯·西尔伯，这位德国最机敏的战时间谍之一。他离开本国生活已很久，讲得一口非常纯正的英语，常常被认为是加拿大人。西尔伯的语言才能使他被任命去担任邮政检查工作，虽然事先没有受过任何间谍训练，但他的丰富阅历使他没有受到怀疑。某一天，西尔伯打开一个信封，偶尔发现一个情报：寄信人在信里写着，他的哥哥是位海军军官，驻在离家不远的一个重要基地，正在执行一个将结束潜艇威胁的秘密方案。西尔伯喜出望外，他意识到这是一个有高度优先价值的机密，就到写信人所在的港口，以政府检查员的官方身份去访问她，对她在通讯中泄露机密情报提出警告。这位妇女恳求他不要再采取任何将危及他哥哥前程的步骤。在他们的谈话中，西尔伯非常老道地套出了许多细节——伪装猎潜舰的每艘都可以凭秘密的Q标志与数码来辨认，它们都是些不定期货轮、帆船和经过修理适于航海的拖网渔船。伪装船上有穿着不伦不类商船船员服装的海军船员，装有隐蔽的大炮和鱼雷发射管。

西尔伯没有耽误，很快便把情报送到了柏林司令部。所以，潜艇指挥官据此摒弃了先抢夺然后再开炮的作风，开始没有警告就发射鱼雷。而潜艇船员们再也没有苏格兰威士忌酒和英国烟这些乐事了，他们都在第一时间参加战斗，对伪装猎潜舰进行攻击。

而英国伪装船为了在这样失去优势的战斗中依然能够不沉，都用木材和软木保持浮力。在向不定期航轮发射鱼雷时，敌人的潜艇先观察它所受的损害，然后浮起用炮弹把这只船击沉。而对伪装猎潜舰的舰长来说，他奉命要等到潜艇进入射程时才能开火，这是一个关键时刻，任何可疑的姿态都会使潜艇急速潜没，随之而来的是会使伪装船完蛋的又一枚鱼雷。军官和水手“惊慌的一伙”互相推挤地爬进救生艇，放到水面上，拼命划离受损的船。这类机动动作有时使潜艇敢于浮到水面上来。这时炮手就可开始忙碌了，将炮弹送给潜艇。

这天，伪装船 Q－5 沿着贸易航线曲曲折折地航向利物浦，一枚不告而放的鱼雷在它的船壳上打了一道裂缝，这显然是德国潜艇的作为。严重灼伤的人在机器舱里坚守岗位，直到涌进来的海水迫使他们登上甲板，他们隐蔽地躺在那里，不顾身上痛苦的创伤。按照计划，将近半小时的时间里，炮手们站在深水中，那时 Q－5 在徐徐下沉，没有人做过一个错误的动作。他们以为只有这样，才能吸引潜艇进入他们的射程。

果不其然，仍然潜在水里的 U－83 缓缓向它的猎物驶去，对于没有危险威胁感到满意，然后缓缓地浮出水面。英国人的反击时刻到来了，潜艇舰长刚从驾驶指挥塔里露出身来，第一发炮弹就把他打死了，紧接着，这艘潜艇中了多达 30 多发炮弹，很快便沉没。把掠夺者送往海底之后，Q－5 方才呼救，这时候它已经被淹没了一大截。听到求救，附近的驱逐舰和单桅小帆船赶来营救，驱逐舰把这个半沉没的胜利者拖回港口，宣告使用这种方法反击的第一次胜利。

伪装反潜战有了初步的作为和成效，于是，180 多只各式各样和大小不一的伪装船被装备起来，同潜艇作斗争。英国海军部不完全相信它们的能力，最初只做小规模的试验。等到海军部完全承认它们的价值时，德国人也知道这个秘密了。但从 1915 年 7 月到 1918 年 11 月，伪装猎潜艇仍然击沉了 11 艘潜艇，击伤了至少 60 艘，给德国人带来了不少麻烦。

在整个大战期间，约有 200 艘德国潜艇被击沉，英国人自称其中 145 艘要归功于他们。皇家海军动员了 5000 多只辅助船舶，数百千米长的钢丝网，数以百万计的深水炸弹、水雷、炸弹、大炮和炮弹，才取得这样的战绩，实属不易。凭借着这样的战法，英国人才不至于在德国潜艇的威胁下惶恐终日。

20 人才很重要
——空军的萌芽

◇

虽然飞机被发明出来已经十余年了，但是1914年大战开始以后，交战国的总参谋部都认为飞机的作用非常有限。比如法国，其对航空的兴趣，只在少数民间运动员中持续下去。霞飞和福煦都对飞行没有一点信心，尤其是福煦，一直对飞机没作考虑，认为飞行是一种有趣的运动器械，但对军队来说没有一点用处，很显然，法国军事当局对飞机作为一种武器的威力，抱有很大的怀疑。

但是德国却非常老谋深算，基于一切军事上的考虑，德国对空军在意识方面远远领先。几年来，德国人为准备战争，已经把他们的资源编入预算了。但是，即使是德国最高统帅部，也不过把飞机看做是个观察哨，在通信兵中给予空军一个无足轻重的地位。1911年，在飞机被发明出来的第八个年头，德国已经有了两个规模虽小但技术先进的飞机公司，制造用优良的达伊姆勒和梅塞德斯水冷式发动机发动的阿尔巴特罗斯飞机和阿菲亚蒂克飞机，并且至少还有14所私立飞行学校。所有这些，使得德军的空军开始萌芽，并在以后慢慢壮大。

一、飞机展翅翱翔

开战后，双方大约有375架可用的战斗机。德国有180架适于执行观测任务的飞机，还有300架教练机和13只齐柏林飞艇。法国只有130架，英国65架——英、法两国的这些飞机不是为军用而设计的，没有武装，全都用木料和金属线制造，机翼和机身用涂上胶的布覆盖。而且这两国飞行员比飞机多，但即使如此，只有不到100个军人懂得怎样飞行。航空军官提出支援地面部队，屡次遭到拒绝，因为他们觉得侦察是骑兵的任务，而且飞机发动机低飞时发出的喧闹声，使他们的马常常受到惊吓。

双方都没有利用飞机进行战斗的经验，处于萌芽状态的空军需要临时凑合和发展他们的技术。空中观测是一种新鲜的技术，同时也是一种前所未知的技术。大部分负责执行任务的观测员都是炮兵和骑兵的志愿军官，但飞行员往往是应募入伍的士兵，他们在看到地上的模糊轮廓时，完全不熟悉行进中的部队、大炮装置、弹药堆集等的形状。再加上飞机设计上的原因，要准确地看出敌军集中或运动就更复杂了。观测员从双翼飞机上俯视的视线，往往被下翼挡住，他向前看的视线，被发动机、排气管和散热器遮断，经常被弄得很迷糊。

所以，大战最初几周的航空报告几乎都是一致的不准确，这对缺乏经验的空军很不利。

8月7日以后，一支十万人的英国远征军开到法国，然后向东北进发，他们行进了12天，才被克卢克将军的部队看见。尽管德国飞机每天出动，飞过这个地区，却没有一个空军观测员看到英国军队。由此可见，观测员对经验的要求是相当高的。

在战争初始的1914年，空军的生活可以用“愉快”两个字形容。那时候，飞机上都没有武装，驾驶员随身携带的武器在空中也没用，所以，飞越敌区是愉快的插曲，敌对的驾驶员常常相互轻快地招招手，就像遇见邻居般友好。每一个飞行员都有专职的机械士和个人勤务员，这些人全都驻扎在防线后面至少32千米处。德国驾驶员的待遇特别好，他们驻扎在被占领的法国，挑选他们喜爱的大别墅或供应丰盛的旅店居住。

飞行员虽然身心愉快，但也有不顺利的时候。冬季到来，寒冷的空气使发动机的油凝结到脂肪的稠度，这样只能用不凝结的蓖麻油来代替发动机的润滑油。于是，烟雾就从发动机里直接喷到飞行员的脸上。吸入这种烟雾超过一个小时，对人体的影响就和吃了几汤匙泻药一样。

1914年8月13日，由37架陈旧的运动用飞机组成的皇家飞行队飞越英吉利海峡，在亚眠附近着陆。两周后，皇家飞行队毁坏了第一架敌机，像是牧童包围一条逃跑的小公牛那样。

当时，一名英国的空军上尉带领着两架飞机，正做例行的巡逻，看到一架德国飞机飞行在下面几千米的地方。于是，这两架飞机马上处于戒备状态之后，向他的猎物俯冲下去。德国人怕野蛮的英国人撞到他，就向地面飞。在空军中尉的指示下，这两架飞机紧紧地跟在德军飞机的上面以及后面，而其他两名赶来的英国驾驶员马上领会了这个战术，驾驶飞机从侧翼包围德国人，迫使其着陆。这个德国驾驶员吓坏了，所以在他的飞机下降到地面后，还在滑跑着的时候就跳了出去，打了几个滚，慌忙地跑进一片树林里，并消失不见了。原来，飞机还可以这样用！英国人喜出望外，把德军的这架飞机一把火给烧了。

回到基地后，中尉把这个机动动作教会他们的同伴。于是，皇家飞行队一再运用这种战术对付其他敌机，直到飞机装上机枪之后才得以罢休。

二、飞机上的各种武装

几架飞机对一架飞机合围并迫降并不是唯一的空中战斗方法。在1914年9月的一天，一位驾驶员认识到不能再像以前一样，遇到敌机摇摇手打个招呼，他意识到战争不是游戏，而是异常残酷的行为，于是，在与敌机擦肩而过的时候，他拔出手枪开枪射击。

受此启发，双座飞机的法国观测员开始携带步枪，增强了空中的攻击能力。但是，烈风和发动机的剧烈震动，会大大地损害枪支的准确性。其他观测员带了砖块、石头去砸德国的螺旋桨，有的时候也去砸驾驶员。有些观测员则用一筒筒的投箭——铅笔形的小钢箭——武装起来，去投掷敌机飞行员。当然，这些“武器”的战斗力是极其有限的，直到飞机试着载用小炸弹和手榴弹才获得了一些成功。

只是当时还没有投弹瞄准器，驾驶员或观测员是在飞机边上拿着发射物用眼睛瞄准的。没有考虑到速度或风力的影响。皇家飞行队曾经就这样的运用效果进行调查，但是结果并不乐观。一次，为使敌人的部队调动陷于瘫痪，曾用飞机运载141颗炸弹对铁路车站进行袭击，最终只有可怜巴巴的三颗炸弹获得成功，看来这样太过于浪费了。

在空中的活动中，气球观测员用过降落伞，但飞行员和他们的观测员没有用过。因为飞机座舱太小，容纳不了降落伞，当时也没必要把座舱设计得过大。所以，飞机平安落地是非常重要的，如果一架损坏的飞机不能平安地滑行到地面，那么驾驶员往往就只能死在飞机残骸里了。当然，有时候敌人会从地面射击飞机，为了保护飞行员能够抵挡来自下方的子弹，一块铸铁的火炉盖被拿来垫在他们的屁股下面。

飞机上手枪和步枪相互射击的效率实在是太低下了，于是，有些协约国驾驶员开始往飞机上装置机枪。因为快速旋转的螺旋桨在飞机的前方，所以机枪被装在双翼飞机的上翼，或装在推进式飞机的前面——这种飞机的螺旋桨是装在后面的。刘易斯机枪的沉重重量，往往使协约国飞机不能飞到非武装飞机所能达到的高度。鉴于此，德国驾驶员很快就学会了不去理睬没有机枪的协约国飞机，而对于那些看上去有武器的飞机，则飞在它们的前面和上面，飞在它们的射程之外。

但空中遭遇战很快就发生了。

1915年2月的某天，四架返航基地的德军双座观测机，看到一架法国单座飞机对着它们飞来。因为它没有飞行观测员，也看不到有武器，八个没有配备武器的德国人在这架飞机飞近时，只是好奇地看着它。但是，敌机突然通过螺旋桨迸发出黄色的火焰，随着火焰出现的还有看不见的速度极快的子弹，德国人大吃一惊。机枪的扫射马上就打死了一名德国驾驶员，这架飞机马上失去控制，往下旋冲，不出一分钟便落在地上，毁灭在了熊熊火焰中。

接下来，法国飞机稍稍机动一下，把第二架德国飞机也打爆炸了。子弹打裂了它的燃料管路，使汽油喷向发热的发动机，大部分易损的机身在残骸碰到地面之前已经燃烧起来。直到此时，其余两架飞机才从震惊中回过神来，马上掉转机尾，飞回了基地。

损失了两架飞机，这个过程让军官和同僚都感到不可思议，谁听说过子弹会射过旋转的螺旋桨？简单的数学告诉他们，这是不可能的，因为机枪发射子弹的速度是每分钟600发，根据计算，这样一串子弹是不能通过每分钟旋转1200转的双叶螺旋桨的。

但是，事情就这样神奇地发生了。在不久以后，德国人终于明白了那是怎么回事。

三、随着科技起舞

虽然德国军队最后总会知道法国飞机的神奇，不过在以后几周内，他们并不知晓。所以，其他德国飞机也被飕飕地穿过法国螺旋桨的子弹击落。以至于发展到后来，不论编队的德国飞机有多少，一见法国飞机对着它们飞来，全部都急忙飞回基地，逃之夭夭。

但是几周以后，战争的好运就转到德国这边来了。一架法国单座飞机在前线巡逻时，由于发动机爆裂，失去了动力，驾驶员慌张起来，滑翔到敌人防线后面着陆。在他还来不及把飞机烧毁时，德国士兵向他猛扑过来，把他俘虏。

至此，德国才完全懂得了法军的奇技。这位被俘虏的驾驶员，是罗朗·加罗斯，战前就以表演特技飞行而闻名，这个人虽有不小的名气，但是德国的兴趣在他的飞机装备上。他们终于弄清楚了，因为飞机座舱前面安装着一挺美国人发明的霍奇基斯机枪，径直向木制螺旋桨瞄准。面向着枪口的螺旋桨叶片，用楔形的钢片保护着，使打在螺旋桨上的子弹转向。这种设计对于驾驶员几乎像对于他的敌人一样危险，因为，反跳的子弹也有可能会击毁发动机或驾驶员，所以相当冒险，但至少起到了不少作用。到加罗斯无可奈何地着陆为止，他已经用他的新奇技术击落了六架德国飞机，可谓是战功卓著。

法国这架小小的莫拉内飞机，是因汽油管路阻塞而被迫降落的。这根管道被弄干净后，这架莫拉内飞机被飞机载往柏林，以备参谋部军官和从德国北部什未林飞机工厂赶来的荷兰人安东尼·福克的检查。军官把一件标准步兵武器，即一挺帕拉贝卢姆气冷式机枪给了这个荷兰人，要他在48个小时内复演法国驾驶员的绝技。安东尼·福克被公认为那时欧洲最好的飞机设计师，但他从来没有处理过机枪，更不要说射击了。然而在规定时间内，福克和他的机械士试制了同步机枪，能够射过螺旋弧而不致击中叶片。他的发明包含一个凸轮系统，容许武器只在螺旋桨不和机枪成一直线时射击。福克和他的助手都从未进过机械工程学校，每个问题都是靠高度的机械才智解决的，这完全是他们天才的凸显。

像福克这种人，绝对是为战争而生的。对于提高飞行机器的性能他很早就表现出显著的才能。1910年，他在20岁时，就制造和驾驶当时最快和最坚固的单翼飞机。他先把这架飞机献给荷兰军队，但只遭到冷遇，然后他转向法国、英国和俄国，但是这些国家的军事当局对福克的年轻和缺乏技术教育，比对他的飞机的固有价值要注意得多。但德国人发现了他的能力，在他们国土上为他提供生产设备，让他大显身手。

1915 年到来之后，协约国和同盟国都在生产专为军用设计的新的改进的飞机。福克 E－1 型单翼飞机及其同步机枪出现六个月后，德国人也像法国人一样，丧失了他们在战术上的优势——为了防止协约国知道福克的机枪的秘密，德军甚至禁止德国驾驶员飞近前线，但一位飞行员在雾中迷失方向，在协约国领土上着陆。像加罗斯那样，他没有来得及烧毁自己的飞机就被敌人团团包围。

历史竟然是如此高度的相似。所以，几个星期以后，法国和英国飞机都装备了美国发明的刘易斯气冷式机枪，这种机枪能同步射过旋转的螺旋桨。后来，当福克 E－111 型装备双管施庞道机枪时，德国人暂时恢复了他们的优势。德国在飞机方面的领先，大部分归功于福克，他以天才的能力，在 1914 年和 1918 年间，设计了近 60 种不同型号的飞机。英国人终于后悔当初没有重视他，向他书面提出，以 1000 万美元为酬劳，雇用他为皇家飞行队设计飞机。当然，由于德国对这封信的拦截，直到大战结束后福克才知道这件事情，于是两军的军事力量就以德国稍占优势，一直到战争的尾声。

21 逐步走上前台
——建立空军部

在战争的初期，空战并未给将军们留下深刻印象，但它却很快抓住了公众的想象。空中力量在那时还不足以成为胜利的决定因素，但它却有军方预见不到的士气价值。

如果说空战英雄为宣扬战争中细节胜利显得有些“华而不实”的话，那么“齐柏林”飞艇这种空中巨无霸的使用切切实实地让德军看到了更多的战果，并且在以后发挥了一些效用。但是若要在以后为自己增加筹码的话，还是得从飞机的武器装备上下手。

一、“齐柏林”飞艇来了

飞艇是德国的斐迪南·冯·齐柏林伯爵于1900年7月发明出来的。艇体的气囊内充以密度比空气小的浮升气体（氢气或氦气），借以产生浮力使飞艇升空，进而用燃料发动机的螺旋桨使之快速移动。随后，飞艇被制造得越来越大，巨型飞艇主要的用途涵盖了民用与军事两种领域。

而第一次世界大战爆发的时候，这种飞行器技术已经达到了相当高的程度，德国陆军和海军都建立起了自己的飞艇舰队。齐柏林公司所建造的飞艇，按当时的技术水平来说，可以认为是科学和工程技术上的奇迹之作。每艘飞艇都具有优美的线条，巨大的尺寸，大马力航空发动机特有的“嗡嗡”声音，推动着一艘艘德国飞艇划破天空的线条。人们第一眼看到“齐柏林”飞艇时，就会像被符咒控制住一样，倾倒于它的雄伟奇妙。所以，相对一架能搭载一两个人的飞机来说，他是如此威武雄壮，美妙绝伦。

显而易见，德国的野心是很大的，他们以为“齐柏林”飞艇是他们手中的一个终极武器，飞艇一出，无往不胜，无坚不摧，诸国降伏。然而是否会过高地估计了这种飞行工具？答案不得而知，只好拿实战来检验。

德国的行动开始了，“齐柏林”飞艇飞行了遥远的距离，于1915年1月开始空袭伦敦，但只取得零星的战果。它们的任务是飞临英国大城市去投弹，企图迫使政府把部队和武器撤离法国，回来保卫英国。5 月 31 日夜间，伦敦遭到林纳茨上尉指挥的 LZ－38 飞艇的第一次轰炸。英国巨大的探照灯却照不到飞艇的高度。德国炸弹使七人丧生、30 人受伤，还破坏了一些住宅区和商业区的建筑物。林纳茨为了证明自己是一个说到做到的人，在前一次进攻中，他丢下了一张纸片警告说："你们英国人：我们已经来过，而且还要再来，不投降就是死——德国人。"

德国人希望英国人为此恐慌，但是英国这个民族，是相当镇定的，绝不会因此发生恐慌。况且，"齐柏林"飞艇的施虐能力，被它们固有的不利条件所抵消："齐柏林"飞艇只能在最有利的天气飞行。德国最高统帅部认为，他们的比飞机飞得高的"齐柏林"飞艇，是英国战斗机攻击不到的。但实际上，这些"超级武器"完全没有防御能力。追击飞机不可能达到硬式飞艇的高度，但在巨大的飞艇能高飞到安全的高度之前，它们能够轻易地用燃烧弹把它打得千疮百孔，一点火星碰到了非常易燃的氢气，就会使飞艇变成地狱，连铝制框架都要熔化。

而且，大飞艇还不能在大风中维持稳定。有一次，11 艘"齐柏林"飞艇于 10 月 20 日夜间飞往伦敦，其中三艘一去不返，显然是被强风毁灭了。一艘飞艇丢下炸弹未获效果，被吹往法国，在那里被高射兵器的火力打落。另一艘在皮卡迪利广场丢了一颗炸弹后，也被吹得失去控制，在法国南部摔毁。第三艘被阵风刮过法国森林，切断了前吊舱及其乘员。

尽管飞艇的实战能力有待进一步的考证，英国显然没有对德国的"齐柏林"飞艇予以重视。原来的高射兵器都是向上瞄准的步枪和机枪，没有人相信一架装备机枪的飞机能消灭这个空中巨物。

在战前，英国情报机关从来没有去了解"齐柏林"飞艇是如何建造的。伦敦被炸后的某些时候，英国人根据没有逻辑的理由，认为每艘“齐柏林”飞艇在外层和内层之间有厚厚一层惰性气体，也许是氮气，因此可以耐火。当他们最初的轰炸尝试未能使飞艇爆炸时，他们又感到迷惑了。后来，进攻飞机装备了七千克有尖叉的燃烧弹，结果就不同了。同时，有人发明了燃烧弹，许多飞抵伦敦的“齐柏林”飞艇就此一去不返，在熊熊烈火中得到了悲惨的下场。

英国中尉利夫·鲁宾逊在埃塞克斯上空看到了一艘“齐柏林”飞艇，他的准备很充足，两挺机枪都装有开花弹和燃烧弹。当飞艇浮在厚厚的云层下面观察目标地区时，飞行员鲁宾逊飞在上面，沿着船身扣响两挺机枪的扳机。飞艇在一片火焰中垂直落向地面。由于这一功勋，鲁宾逊获得了维多利亚十字勋章。一周之内，又一艘飞艇被以同样方式击落，第三艘又被击毁，但带着微伤落了下来。

虽然英军零零星星有所成效，但要想打得彻底一点，还得从长计议。

二、奇兵突袭

终于，英国要展开大的行动。

经过长时间对付飞艇的实践战，英国空军首脑觉悟了，他决定不再防御，而是主动进攻。有句话说得好：最好的防御就是进攻。

于是，英军派出几架飞机到“齐柏林”的国内基地去消灭它们。这些战斗机的驾驶员是J·P·威尔逊、J·S·米尔斯、雷金纳德·沃内福德，这几位飞行员，都是中尉级别，一个个都是英名远扬的、有着非常多的战斗经验的行家里手，把这些任务交给他们，就等于有了一半的胜利。

面对两个重要的“齐柏林”飞艇建造基地。他们抱着必胜的决心，分头出发。

两个重要的“齐柏林”飞艇建造基地，其中之一位于比利时的埃维尔。

威尔逊中尉和米尔斯中尉一同行动，他们驾驶着法曼式飞机，刚好在黎明前到达“齐柏林”的根据地，在这个地区盘旋，以等待有了足够的光线去轰炸机库。地面部队认为它们都是友机，就没有再去管它们。太阳升起，大地一片肃静，当第一缕日光勾勒出长长的棚厂的轮廓时，两个驾驶员都在600米高度准备行动。

威尔逊气定神闲，用眼睛瞄准，向这个建筑物的中心扔了三颗29千克的高爆炸弹。然后米尔斯把火力对准目标，但被高射火力牵制住了。他继续升高到1500米，径直向他的伙伴轰炸升起的烟柱飞去，丢了四颗九千克的炸弹。效果明显。一阵炫目的闪光照亮了地面，棚厂里被击中的“齐柏林”飞艇，碎成一堆不成形状的金属。被击中的飞艇是L-38，它的指挥官曾于几周前在英国留下了他的拜访名片，而如今，飞艇的命运在它诞生的地方终结。

当威尔逊和米尔斯在炸毁L-38时，另一位驾驶员雷金纳德·沃内福德中尉的目标是比利时的第二个“齐柏林”基地。

6月7日午夜，沃内福德飞近奥斯坦德，他惊异地眨着眼睛。因为他看到一艘“齐柏林”飞艇正徐徐地在前面巡航。这艘新的飞艇是L-37，正在进行夜间试验，一批从“齐柏林”飞艇工厂来的工程师和设计师，都登上飞艇检查技术上的细节。158米长的飞艇由28位乘员运转，飞艇的浮起靠充了29万立方米氢气的18个副气囊。驻守在每座发动机吊舱内的机枪手为了不使沃内福德接近，有几粒子弹打穿了他的飞机，幸好被击中的位置不足以致命。

沃内福德悄悄地躲开，半小时后，他偷偷地飞在“齐柏林”飞艇后面，但比它高得多，当时他的高度到了4260米，于是，这个勇敢的飞行员关闭了他的发动机，向飞艇的上面下降。当接近2133米时，他丢下飞机所载的六颗九千克的燃烧弹，在丢最后一颗时，一阵强烈的爆炸气体从下面袭来，把他的飞机举了起来，在空中翻了个身。飞艇的氢气爆炸燃烧，火势凶猛地摧毁在根特附近的女修道院，并且砸死烧死了两个修女，“齐柏林”飞艇的乘员，只有一人幸存了下来。

由于飞行故障，沃内福德被迫在敌人防线后面着陆，他决定没有出现德国人就不烧毁飞机。他走下机舱，检查了飞机，发现发动机只有一根汽油管折断了。他赶快卸下香烟嘴上的金属包头，临时凑成一个接头。当时，一个人靠转动螺旋桨来开动发动机不是容易的，因为发动机没有空转的速度，所以在飞机轰鸣着起飞之前，一个单干的驾驶员必须以极大的敏捷跃进座舱。好在凭借着丰富的经验，有惊无险，沃纳福德安全地回到了国内。英国授予他维多利亚十字勋章，获得了勋章的沃内福德没有多长的寿命，十天之后，他就从一架新的法曼式双翼飞机的座舱里被抛了出去，摔死了。假如当时飞机上有安全带设施的话，他或许还能活命。

虽然蒙受损失，但德国并未停止行动。

轰炸伦敦的最后一艘“齐柏林”飞艇是L－31，德国最使人害怕的袭击者、机长海因里希·马蒂中尉是这艘飞艇的指挥。W·J·坦佩斯特中尉当时正驾着一架飞机在4572米高度，他看到飞艇在24千米外陷入12道强光探照灯闪光的包围中。为了飞到他的目标那里，坦佩斯特得飞过“一片爆炸炮火的真正的地狱”。在他离目标只有八千米时，向油箱供应气压的机械燃油泵停止转动了。这位驾驶员改用紧急备用的手力打气筒，这在4572米高空是非常困难的，因为在稀薄的空气中，并没有氧气供应系统。

这位驾驶员全凭毅力和决心，继续用手打气直到他飞进射程，但“齐柏林”飞艇刚刚投放了它的炸弹，飞得很快。坦佩斯特尽他的余力给油箱以极大的抽动，对飞艇笔直俯冲，射出一阵炮火。当他从飞艇的下面飞过时，又射出一阵炮火，然后使飞机倾斜飞行，在飞艇的尾部下面占了位置，沿着飞艇下层拼命地把子弹向它打过去。在坦佩斯特扫射的时候，飞艇内部开始变成红色，如一盏巨大的中国灯笼漂浮在夜空里。飞艇停了下来，呼哧呼哧地燃烧起来，它喷出的火焰有好几百米，发出呼啸声直接俯冲下去。坦佩斯特竭尽全力垂直躲避着，最终像火炉一样轰鸣的“齐柏林”飞艇从他的飞机旁掠过，在一丛火花中坠在地上。

就这样，德国的飞艇在英军的打击与恶劣天气的毁灭之下，逐渐式微。1916年10月，德国最高统帅部认识到，飞艇战是效用不大的。在18个月中，只进行了51次袭击，在此期间投下了196吨炸弹，只炸死了557个人，伤了近1360人。估计有80艘飞艇被毁于协约国的炮火和暴风，而在人力和物力严重不足时期，付出这样巨大的代价简直是不值得的。在“齐柏林”飞艇袭击生效之前，柏林战略家已在制订计划，制造比空气还重的轰炸机了。轰炸机由于灵活的机动性，更适用于如今的战争。

德国喜欢轰炸的目标首先是伦敦，除由于伦敦是英国的政治和文化中心外，还因为它是武装部队的重要中心，其重要性不言而喻。到1917年6月，德国人已经有足够的新轰炸机来恢复轰炸袭击了。“戈塔”式飞机是当时的巨型飞机，可载一个驾驶员和两个炮手，其中一个兼任投弹手。它的翼展近24米，机身长12米，由两具260马力的发动机发动，能载运半吨炸弹飞到3657.6米的高度，所以有相当高的攻击性能。

这天，14架轰炸机飞离比利时根特基地，编成菱形队形，飞往有281.6千米航程的伦敦。在中午的明朗阳光下，它们投放了炸弹，造成近600人的死伤。英国空军慌张了，约有90架驱逐机起飞，但已卸重担的“戈塔”机迅速获得高度和速度，很快便逃得无影无踪。

但是奇怪的是，这个宏大战略又一次弄巧成拙——企图迫使英国撤出大陆而保卫伦敦，最后却差一点造成德国空军的大灾难。

过于猛烈的连续性袭击，使德军飞机的损失大大增加了，最后迫使德国人停止所有的白昼轰炸。改进了的驱逐机和更有力的高射炮，使“戈塔”机飞得越来越高，以致轰炸又恢复到早期的丢了炸弹就跑的战术。接着，英国人制造了四架大轰炸机，即汉德利·佩奇O－100，寻求空中的报复。英军飞机的建造是拼命保密的，但1917年1月飞往法国的第一架飞机，最终却原封未动地在一个德国机场着陆，原来是驾驶员犯了航行上的错误，降错了地方！

战争结束的时候，已有50多架飞机袭击伦敦，投下73吨炸弹，炸死了差不多860人，伤了3060人。虽然英国人为击退侵略者在一定程度上减少了他们在法国的兵力，但德国也基本上没有得到好处。

英国人从疲于奔命变得更加决心打到底了，并且认识到建立一个空军部的必要性。所以，尽管飞机在第一次世界大战中没有扮演主要角色，但它会在以后的战争中引进决定性的立体战争。在以后的战争中，拼的是飞机的制作技术，以及跟海军、陆军的配合战术。

22 冲向悬崖的火车
——尼韦尔计划（一）

法国确实是一个不可思议的国家，尤其是在轻视和不信任部队方面，没有其他西方总参谋部能够超过法国。

在战争爆发之前，法国军事领导人估计，后备役军人约有15%将拒绝征募，但实际上这个数字比1%稍多一点儿，完全可以忽略不计，而成群结队冲进新兵征募办事处的志愿兵，逾35万人。和平时期的3000名逃兵又自动地返回他们的部队，这让最高统帅部感到更加震惊。

但战争初期军官的种种失误让法军蒙受极大的损失，霞飞的司令部是不能再留在阵营里了，必须找到合适的人来代替。很快，在凡尔登战役期间以奇兵制胜的罗贝尔·尼韦尔将军成为众人信任的人物。但他是否担得起陆军最高统帅的担子，还有待验证。

针对法国即将要进行的反攻，尼韦尔制订了一个计划。他会做些怎样的准备呢?

一、尼韦尔最好的时光

60 岁的罗贝尔·尼韦尔将军，终于被任命为法国陆军总司令。这个出生于一个具有长期军事传统的家庭的人物，曾经进过索米尔的骑兵学校，后来又改学炮兵，成绩优良。战争伊始，他的军阶是中校，升为上校后，在马恩之战期间，他的大口径大炮知识，得到了用武之地。

1916 年 12 月 12 日，尼韦尔到了尚蒂伊，正式担任法国陆军总司令。尼韦尔对于战争充满了信心，过人的口才使得他与沉默的霞飞和贝当形成了鲜明的对比，他信誓旦旦地宣告：“这个经验是确定了的。我们的战法已经过试验。我可以向你们保证，一定胜利。”而法国的人们还在为他不同凡响的“凡尔登战法”所震惊，对他也就没有什么异议，并且衷心地希望早日胜利。

1917 年 1 月 15 日，尼韦尔将军选购拜见劳合·乔治，提出他的新计划，包括迅速而集中突击的彻底新攻势，与已在凡尔登成功地证明了的计划相似。显然，尼韦尔的设计引起了首相和有关人员的兴趣。他们了解他的夺回杜奥蒙炮台的战略，对他想大规模应用同一种方法表示支持。

尼韦尔说服劳合·乔治通过外交手段，使黑格及其在法国的部队，奉命对法国总司令要遵从其意见，并且执行其所有与作战实施有关的命令。也就是说，黑格将为尼韦尔效力。

但是也有一些事情在困扰着尼韦尔。

在西欧，这几乎是许多年来最冷的一个冬天，每天当中，气温难得上升到十摄氏度，四肢和身体冻伤是普通事情。部队被迫处在这样痛苦的环境中，立即滋长反抗的情绪。

更加让他不安的是，一种小册子在战士中越来越流行，这些小册子对战争的合理和正义提出了质疑，对士气的损害无疑是雪上加霜。

但是，攻击是必须要进行下去的。尼韦尔放下不安和困惑，加快了准备攻势的节奏。他把法国军队分成几个集团军群：由弗朗歇·德斯佩雷将军率领的北方集团军群；由贝当将军率领的中央集团军群；由米什勒将军率领的强击部队，也就是后备集团军群；由卡斯特尔诺将军率领的东方集团军群。在接下来的战斗中，尼韦尔的集团军群将领不断接到他关于这个战役的指令。尼韦尔的基调是明确的：暴力、残忍和迅速的标志必须成为攻势的特征，勇猛地使德军败退。

要保证计划的进行，就必须由法军与英军对一个巨大的、无掩护的德国突出部位进行双管齐下的强击。在索姆之战期间，协约国曾削弱沿着埃纳河由东至西形成曲线的德军防线。这个突出部现在仍易受到来自北面的英军和来自南面的法军的攻击。而尼韦尔的全面计划要求英军先于法军几天向前猛冲，以吸引德国防守者向北移动。那个时候的南面，即无掩护的德国侧翼，将受到法军的冲击，预期他们将冲过去，在这个将被埃纳河水所淹没的德国堑壕系统中打开一个约 113 千米的缺口，然后以决定性的胜利完美收官。

这个计划有他的优秀之处。因为德国的突出部兵力配备薄弱，易受攻击，在 1916 年夏的索姆之战中，防御部队牺牲就非常惨重。

但是，如果这个计划事先被德军知道，那么胜利的可能几乎是等于零。

大战的气氛酝酿得越来越浓烈了。非常明显，首先要进行的是一场大争夺战，甚至空气里都充满着激动。这不仅表现在法国军队精心的准备，从法属西非的各部族中，征集了约 35 个营，一支精锐的塞内加尔部队被调来针对着坚强的据点当进攻的先锋，他们可以证明自己的勇猛。除此之外，加入这种杂牌军队的其他部队，包括几个俄国旅，是派来增援人数大为减少的法国陆军的，并且每个人都染上革命情绪，希望在这里有一场大的作为。

二、一列停不下来的火车

但是不知为何，尼韦尔有一种深深的不自信。凡尔登战役中，法国军队是靠对进攻计划进行沉静而充分地说明来鼓动部队热烈献身的。但是在尼韦尔主持的这一场战役之前，他担心不做到极致他的部队就会背叛，于是下令进行堪与好莱坞报刊宣传员相比的宣传运动，对战略和目标加以提纲挈领的作战计划都发给士兵。军官对士兵做宣传讲话，以引导他们对决定性的胜利抱有信心。这是非常危险的。

危险的事情恰恰很快发生，这里面蕴含着一种必然。在德国例行的堑壕袭击中，缴获了两份关键性文件，文件表明在兰斯和苏瓦松之间强击的确切界线。威廉皇储喜出望外，在日记里记录了这个好运气，这正是尼韦尔过犹不及的地方。

这时候的西线，对峙双方力量的对比是，协约国占有优势的：协约国有180个师，德国有150个师。德军由于情报的及时准确，知道他们经受不住对他们无掩护突出部的钳形攻势，为了避免流血牺牲，就从这里撤走了。于是，他们的前线就变成了近似的直线，就不会陷于来自两边夹击的危险。而多出来的部队，正好可以用来增援平直的防线。可以说，德军的做法非常正确。

德军自2月9日天未明时开始，从这片突出部撤出，并且对他们放弃的这片地区进行全面的井井有条的破坏，他们决心让这里成为废墟。德国人的决心被他们实践了，没有一幢建筑物留下，几千幢农舍和住房被拆毁，果树被砍倒，桥梁和铁路车站被炸掉，水库和水井都下了毒。所有部队都退到兴登堡防线，而德国人撤退的队伍的背后，是一片狼藉和混乱。

而在兴登堡防线，德军拥有非常坚强的防御阵地，从阿腊斯以南延伸到可以俯瞰埃纳河的起伏不平的山丘，开战后，法国的后备集团军群就驻在这里。这条防线被称为谢曼—德—达姆的山脊，弯向西去。法国人这次显然亏大了，面对这样一位天然的战术据点，德军运送补给他们根本不可能发现，这在战史上也是最坚不可摧的防线之一。

德国的撤退让协约国不仅在感到大松一口气的同时也非常纳闷，尽管这里已经是满目疮痍，但毕竟是收复了，这使得尼韦尔又一次被国人所拥戴。在各种集会和社交聚会上，平民们都为国家幸而有这样一位杰出战略家来担任总司令而互相祝贺。但前线士兵却隐约地感到不安。

尼韦尔已经没有突出部可以按照以前的打法突击猛进，但仍宣称战役将依照计划进行，其主要打击方向将是兴登堡防线南端的谢曼·德·达姆。他认为，德军的撤走是微不足道的，只要作一些战术上的修改就跟以前没什么二致了。

但这时候，尼韦尔遇到了国内战线上的另一个问题。那就是白里安总理已经不在职位，被一位 80 岁老政治家亚历山大·里博在 3 月 19 日取代。里博卓越地任命保罗·潘勒韦为陆军部长，而潘勒韦跟他的那些前任是完全不一样的。因为潘勒韦负责全面管理战争，所以他坚持要求有相当的权力，而以前的部长们从不过问总参谋部的决定。

潘勒韦上任之后，很快就会见了尼韦尔，并了解他的计划。经过简短的寒暄，率直的潘勒韦告诉尼韦尔，他得悉他的作战计划包括进攻的准确日期在4月16日内，在整个巴黎的沙龙、咖啡馆和别的地方谈论着，他感到惶恐。

潘勒韦一针见血地指出，大张旗鼓地动员让敌人随时有可能得知作战计划的细节和确切日期。另外，随着德军的撤走，这个计划当然应被取消。况且，沙皇尼古拉已于3月15日退位，让俄国准备媾和，许多德国军队得以解脱出来，来到西线，那么他们在这里的实力就会增强不少。

毫无疑问，潘勒韦的判断是准确的。

三、徒劳的劝阻

一个使尼韦尔放弃计划的关键性理由开始在潘勒韦的眼前显现，那就是美国对德国日益敌对的态度。有了美国的支持，法国不需要单独流血，等待到美国参战是最好的选择。美国军队有不小的战斗力，协约国一旦获得美国的有力增援，就能一举让德国军队彻底溃败。

一位受人尊敬的法国政界人物夏尔·德弗雷西内提供了一份备忘录，这支持了潘勒韦的判断，进一步证明他所想的是对的。这份备忘录来自后备集团军群的一位高级军官，德弗雷西内在3月25日将备忘录递交潘勒韦。据说是代表所有高级参谋集体意见的这份报告，宣称德国人已对法国的攻势做好充分准备。如果德国人击退了进攻，“陆军中几个最好的军，即第1军、第20军、第2殖民军、第32军和此外更多的军，将大批遭到击毙”。显然这消息非常可靠，而这预判则非常危险。

这个头疼的问题把潘勒韦折磨得够呛，如何解决呢？最终，他采取了一个不寻常的行动——以前少有人这么做——他陆续召见了尼韦尔的三位最高集团军指挥官，请他们说一说对这个计划的想法。三人都表达了同样的悲观见解。

潘勒韦决定靠说理来劝阻尼韦尔。4 月 3 日，他把尼韦尔请到陆军部赴宴，其他客人包括里博总理和安德烈·马奇诺殖民部长。在宴会上，潘勒韦机智地向尼韦尔说明了所有不利于他的计划的事实，强调了等待美国参战的巨大利益和大好时机。但是尼韦尔重复了他决定进攻的理由：德国撤退，只需要对法国计划作些小变动，任何相反的观点都是无知的产物。尼韦尔再次向他的听众保证，这场大规模进攻将在数周内结束这次大战。

这天，离美国宣战只有三天，但是尼韦尔对此却不太看好，他认为美国提供的任何军事援助不会来到，至少要到下一年，而德国不能就这样等下去。

潘勒韦部长坐不住了，因为他知道他的劝阻是无用的，只好站起来拉了尼韦尔的手，说："将军，如果你进攻的结果，只是归还我们这片广大的领土和它所包含的一切，政府和国家将认为这是一个伟大的胜利，并将大大地感谢您。"

尼韦尔微笑着说："那没有什么，不足道的小小的战术胜利而已。我在埃纳河聚集的 120 万士兵、5000 门炮和 50 万匹马，不是为了这样一点点的战果的。这场比赛是不上算的。"

相对于法国这边尼韦尔的盲目谋划，德国更加显得谨慎而细致。它的防御体系现在已经做好战斗准备，这是以完全新的战略为基础的。传统的纵深 1.6 千米或更多的一系列堑壕，已为数千个布满机枪的混凝土碉堡所取代。对任何机枪碉堡的袭击，将招致周围机枪碉堡的火力。在机枪碉堡后面，是除天然岩洞外，包含数千个地下掩蔽部的复杂的设置，这些地下掩蔽部在猛烈轰击期间将掩蔽部队。在弹幕射击停止时，防守者将冲向前去，击退可能越过机枪碉堡的任何法国部队。德军的所谓“弹性防御”，是设计出来迅速而彻底地挫败尼韦尔发动的战役的。看来，尼韦尔将要面对的，更加艰难了。

不仅如上述所言，尼韦尔的进攻会更加艰难，而且，根据他原来的计划假定，他的44个法国师将大大胜过敌人的九个师，但此时德国已从俄国和其他战线抽调足够的兵力，集合了43个满员师，沿着兴登堡防线布防，对自己的力量是一个巨大的增援。

当尼韦尔得知这个新比例时，他丝毫不去理会，认为这个情报是不相干的。他已经越来越急切地想看到胜利的曙光了。但是在尼韦尔的计划付诸实施之前，还有一个阻碍必须要跨过。

潘勒韦不甘心军队就这样盲目地去打仗，4月6日，又安排了和尼韦尔的一次会议。参加会议的还包括彭加勒总统。许多指挥官甚至平民，都把备忘录送给他，指出进行这次攻势的愚蠢。

彭加勒总统首先表示了担忧，他说在人力方面已感贫乏的法国，应当避免这个很可能发生的风险，因为如果冒险失败，国家会遭到重大的损失。总统是尊重人的，他给尼韦尔提供了一个放弃这个计划的机会，但仍可保持他的权力和威信。

潘勒韦陆军部长讲了同样语调的话。在其他所有人表示了同意后，尼韦尔非常平静地回答他们的怀疑。这时候，他的态度冷淡而超然，并不企图去正面回应他们反对的细节，而是宣称："我不会在任何借口下，卷入又一次索姆之战的。"尼韦尔预示，进攻将摧毁法国的消极态度，缓和对丧失人力的担心，接下来他作了甚至他也一定知道不能实现的许诺：如果他的进攻在 48 个小时内不成功的话，他将终止这场战斗，撤回所有参战人员。

站在尼韦尔这方面来说，他的话无疑是在激励大家。在表完决心后，他要求集团军群指挥官发表意见。在总司令的冷眼凝视下，可以理解，他们并不能表达出他们的真实思想的，但贝当却毫无保留地说出了自己的疑虑："我们没有执行这个计划的人力物力。即使这个计划成功，我们也不能扩大这个计划的战果。我们有 50 万生力军来做这样一次前进吗？没有。那么这是不可能的。"

贝当的话被尼韦尔打断，尼韦尔依然镇定，但声音中出现了一丝不安的激动，他说："既然我既不能得到政府的同意，又不能得到我部下的同意，摆在我面前的唯一道路是辞职。"这是一个意想不到的转折。他们的政府已经摇摇欲坠，部长们知道，在这样一个关键时刻，他们是无法令人满意地解释总司令的辞职的。尼韦尔如果离去，有人将随之而提出组织新内阁的要求。

国家的协调和他们自己的职位是部长们最想保持的，所以他们只能自圆其说地敷衍两句。尼韦尔坚持着 48 个小时内不成功就放弃进攻的许诺，看来，任何人都不能阻止他的决心了。

其实，在会议刚开始的时候，潘勒韦就意识到，经过国家这么久的失败的屈辱，经过尼韦尔这么久的战事准备，他已经被胜利的欲望所裹挟，就像一列停不下来的火车，轰轰烈烈地要碾碎一切阻挡它的东西，即使前面是万丈深渊，这列火车也要冲下去。而潘勒韦这次的任务，就是做最后的无用的挽留。

23 早已注定的失败

——尼韦尔计划（二）

◇

停不下来的尼韦尔，于十天后发动了对德国的攻击。

4 月 15 日是进攻的前一天，晚上黑暗如期降临，寒冷的北风刮来的雨开始转为雨夹雪，气温迅速下降。冻得哆哆嗦嗦的士兵们步履蹒跚地走向他们的阵地，泥深没踝，上衣被雨打得湿透，慢慢地耗尽了精力。终于，他们各就各位，但也只能在下得越来越大的雨雪之中缩成一团，同时连队指挥官宣读尼韦尔当天的命令："时间已经来到！勇敢和信心！法兰西万岁！"

这些口号式的命令所代表的崇高精神与冰冷的现实形成强烈对比，但无论如何，这也是场早已注定失败的战役。一意孤行的尼韦尔将会在失败后受到清算。

一、失败导致陆军瘫痪

几百米之外，在敌人防线后面，德军统帅巴伐利亚的皇子鲁普雷希特，正在向士兵们宣读德皇的电报："你们军队正在经受猛烈的炮击。法国步兵的大进攻每个小时都能到来。整个德国正在期待地注视着它的勇敢的儿子们。为我问候他们。我的心和他们在一起。"

法国的炮弹响起来了，炮兵通宵弹幕射击的同时，数十万部队向前行进。

一旦进攻的号角吹响，尽管冻雨刺骨，士兵们也能感到一种新的力量，人们对巨大的武力炫耀感到敬畏。法军的士气空前高昂，仿佛胜利已经近在眼前。

拂晓前，当突击的哨子吹响时，部队攀登壕内的梯子登上壕顶。后备营挨着前进，指望把敌人杀光。但当他们在泥淖中溅着泥水行进时，他们的失望越来越大。因为尽管法国大炮的数量庞大，它们轰击不到全部敌区。而且，德国的有刺铁丝网都挂上母牛的颈铃，当法国士兵在黑暗中往铁丝网上绊上一下时，颈铃就会发出丁零零的响声来，这等于说是给了德军进攻的信号。

炮弹一旦把有刺铁丝网的某段炸掉，德国人就在当场燃起黄色的火焰来。在火光笼罩下，进攻部队都被火炮和机枪的火力所击倒。以芒让的计算为依据，徐进弹幕射击比士兵能够前进的速度快。

没有炮火的掩护，法国士兵付出了很大的代价。他们不能绕过防守的战术据点和进攻后方的德国阵地，就倒伏在灌满泥浆的弹坑里。爆炸的炮弹和机枪子弹向他们射来。到上午 7 时，尼韦尔的时间表乱成一团糟。法国的各个营，注定每隔 15 分钟就进入进攻堑壕。由于部队步履蹒跚地爬了回来，那些在他们后面堑壕里的人无法前进，而跟上来的人又倒在他们身上，乱成一堆，完全脱离了当初的设想。

指挥部里也是混乱的，总参谋部的成员不知道已经陷入的绝境，以为有些讨厌的机枪碉堡造成了延误，但这些碉堡很快就会被打哑的。芒让又发出了催促前进的命令。他希望自己派去执行正面进攻的第6集团军，能够阻止敌人建立连续的机枪防线，利用缺口，通过抵抗据点。

但是德军留下的缺口不多，而缺口处，也正是成千上万法国人走向死亡的地狱之路。时间到了中午，雨雪下得很密，使目视通讯和空中观察都变得非常艰难，甚至一度中断。炮手们看不到他们前进的部队。根据混淆的报告而行动的炮兵指挥官，以为士兵们还没有离开堑壕。他们就把掩护弹幕拉回到出发点，并把数以吨计的炮弹向前进中的法国部队猛射。

坦克也上了战场，而且这还是法国人大规模使用坦克的第一次战斗。这种坦克按照制造它们的兵工厂的名字命名，被称为“施乃德”，200辆“施乃德”中的大部分陷入泥沼，成为炮火易于命中的目标，很多都没能逃脱被炸毁的命运。

下午2时30分，德军大举反击，法国的士兵死伤无数。到黄

昏时刻，法军前进了约550米，而不是尼韦尔规划的近十千米。只是由于法国部队的勇敢，才阻止了德军进一步把他们赶回来。像皇储威廉这样的一个敌人也赞扬“法国兵的个人的英勇”。

西非热带地区来的塞内加尔人是非常勇敢的，但这一次却辜负了他们的法国伙伴。因为冰冷的雨雪是对他们的致命伤害。他们冻伤的手不能拿步枪，他们蹒跚地前进，直到他们的军官被打死。然后他们转过身来，急忙逃向后方，恐惧占领了他们的心灵。

在这最需要医疗部的时刻，效率向来低下的法国医疗勤务却已经完全垮台。医疗勤务为1.5万名伤员做好准备，但第一天的伤亡人数就达九万人。一所医院只有四只体温表，却要供3500个病床使用。许多伤员只能继续躺在泥沼中。

尼韦尔所承诺的48个小时已经过去，迫使尼韦尔又一次自食其言。司令部发出的公报，都是为欺骗国民而捏造的。尼韦尔已经无法撤退他的部队，当形势恶化时，再多的欺骗也掩盖不了真相了。

法军前进得最远是在4月17日，那时法军占领了马尔梅松要塞，这是四千米的进展。实际上，这是德军为了重新集结而从这一突出部撤走的。此后两周，德军和法军在几乎是固定的战线上激战不断。在谢曼·德·达姆遭到屠杀的报道在士兵中传遍而被胡乱夸大了。人们更多地听到孤立的口号声：“打倒战争！”“打倒笨拙的将军！”

一些有志的军官也站出来，开始对尼韦尔的战略提出抗议。当陆军部长潘勒韦巡视埃纳防区时，他的最坏的怀疑被证实了。他从军官们那里听到第一手的报告，他们申诉道：“这是倒退。我们没有学到一样东西，我们还在坚持1915年的战法。当然，我们将得到传令嘉奖和勋章，但是我们不在乎。我们宁愿把它们扔到领导人的头上。我们关心的不是荣誉，而是可以节约更多人命的较明智的政策。”

时间一分一秒地过去，一分一秒对于尼韦尔来说都是煎熬，他终于认识到，他的攻势是一场大灾难。在这危机时刻，尼韦尔真相毕露了。他寻找替罪羊，向潘勒韦和其他部长暗示，这次溃败是芒让的过失，但他企图推卸责任的遭到无情的揭露，人们对他的斥责越来越多。

尼韦尔终于忍不住，开始歇斯底里起来，跑到多尔曼的阿尔弗雷德·米什勒将军的指挥部，在会议室里大发雷霆，当着后者的僚属尖声谴责他的部下。但米什勒不愿成为尼韦尔的出气筒，他不顾军阶，大声攻击他的总司令：“你想要我对你的错误负责，我，从未停止过对你的错误提出告诫。你知道这种行为叫什么吗？嘿，这叫做怯懦！”

尼韦尔怔住了，他像喝醉了一样，踉踉跄跄地离开，乘坐汽车回到他已经不能再承受的岗位。

最终，尼韦尔的错误导致18万法国人的伤亡，德军也损失了16万的人数，但无疑德军这次是胜利了。

从开战到结束，在21个月当中，法军伤亡人数已达300万以上。法国的士兵都是勇敢无畏的，对战争所引起的苦难也有思想准备，但他们再也不愿被赶去遭受屠杀了。在谋求补救的一切合法手段都无效之后，部队爆发了反抗。在此后两个月，法国陆军基本瘫痪掉了。

二、重振士气

1917年4月29日开始，战士们情绪愠怒，军队气氛沉重，但军官们却装作什么都不知道。连队指挥官也不训斥不修边幅的士兵，他们留着五天的胡须，故意走过他的面前而不向他敬礼。奉命开赴前线的部队，利用混乱慢慢向后方走去。喝醉了的士兵吊儿郎当地走过军官面前，非常轻蔑地向他们瞪眼。一些士兵喝着从店里抢来的酒，到处横冲直撞，高喊“打倒战争”。

这种情绪上的反抗，甚至蔓延到享受特权的部队，如第60轻步兵营。这种营由特种士兵组成，每个步兵师都配属一个这样的营。

对于士兵们的这种厌战情绪和胡作非为，军事领导人曾经蒙骗政府，错误地称这种反抗为“集体无纪律”行为。总司令部不了解各师的所在，派去逮捕流浪的反抗者的宪兵队，表现得有勇无谋。闹事的列兵们一声狂吼，扯下他们的武器，用连环拳把他们打得不省人事，把他们倒挂在路灯柱上，给予他们最不想要的羞辱。

在这段黑暗的日子里，巴黎和德军之间，屹立着两个可靠的师，所以德军并不知道使法国人震惊的那种混乱现象。法国最高统帅部担心德军可能向俘虏搜集重要情报，不断调动前线的部队。所有被俘的士兵连提也没有提到过这次反抗的事，因为他们还是爱这个国家的。

可以想象，当一支经过苦战的部队，只获得不充分的短暂的休息，就奉命回到前线时，不服从就往往表面化了。对下级军官——中尉和上尉——并不表示敌意，他们只是传递命令，并且像他们自己那样，也遭受堑壕战的苦楚。但士兵已经对参谋军官公开敌视，抨击他们是“喝血的人”，军官也毫无办法。

惊恐的政府终于弄明白了怎么回事，现在势必要让尼韦尔滚蛋了，不然法军将无法生存下去。亨利·菲利普·贝当在这个时候被推举了出来，接受参谋总长和“政府的技术顾问”的任命，办公处就设在陆军部。

贝当的上位，对整个国家来说并不意味着什么，但确实是尼韦尔及其参谋人员落难的开始。在尼韦尔的战役转为大屠杀后，有人率直地要他为了法国的利益而辞职。但他极力维护自己早已不存在的尊严，决心不让政府省事，坚持要公开解除职务。

5月15日，贝当正式成为陆军总司令。这实在是一个使人炫目的提升，因为这位60岁的职业军人在大战开始时，还是离退休已不远的一个无名的上校。贝当上任后，立即把他前任的参谋人员解职，代之以炮兵人员，他们和他的观点相同，即赢得战争要靠大量使用大口径炮和节约人力，他们的想法无疑是正确的。

贝当明白陆军内部危机的主要原因是什么，那就是苦战不断的士兵们远远得不到足够的休息。在这次大战前，法国军队从不在乎士兵的休假问题。进攻派的领导认为，闪电般的胜利将使士兵解放几个月。在堑壕战陷于胶着状态时，从理论上说，士兵在前线作战每四个月，就可以休假一星期。但日益增加的伤亡导致人力缺乏，军队就靠削减假期来克服，在进攻之前三个月或更长时间内，所有部队都取消了假期。休假被认为是特权，而不是权利。许多士兵在前线过了18个月而没有得到一次休假，在连续失败的情况下，没有多少人愿意忍受这种身体和精神上的双重折磨。

而那些获准休假一周的士兵，除暂时离开敌人的火力外，其他条件都和前线一样，连满足起码的舒适的供应都没有。

贝当就这些问题，提供了很细致的解决办法。在贝当的主持下，不满的根源都有组织地加以消除，直到陆军的战斗素质——除部队的实力外——得到恢复。

贝当使他的战略依据于现在已是盟国的美国的人力。他告诉部下说："我们必须等待美国人。"在他的统帅下，法国陆军的指导口号是："多用钢铁，少流鲜血。"这就是人性化的思维。

贝当也许是最亲近士兵、了解士兵的法国指挥官，他访问了将近90个师，听取控诉和消除其原因。如果一项证明是正确的控诉受到忽视，他将指责最高级的师属军官。医疗勤务完全改组，部队指挥官要对它们的有效工作亲自负责。

一系列行之有效的行动贯彻下来，到6月底，秩序和士气都恢复了，军队重新有了活力。尼韦尔等许多高级军官亏欠士兵们的，在贝当这里，基本上还清了。

24 没有意义的血腥战斗
——伊普雷的攻防战

◇

英军的道格拉斯·黑格爵士，也同尼韦尔一样，有着一种高傲的自信和希望得到胜利的盲目决心。

道格拉斯·黑格爵士的热情不可否认，整个大战中，他的发亮的长筒靴总是带着踢马刺。在骑兵团任过指挥的他，从来不完全相信，机枪和坦克已使骑兵袭击成为历史陈迹。所以，在 1917 年他为进攻佛兰德的伊普雷防区战役拟订的年计划，使一个日夜渴望的梦想复活了。

英军希望攻击佛兰德沿海的德军潜艇基地，来一个大突破，以加速德国的崩溃。这将使道格拉斯·黑格爵士有机会大量使用骑兵，但他的作战计划和指挥才能，甚至还不如他的部下在这里曾经取得一些成绩的坑道战显得英明。

一、挖地道，填炸药

这里是法国东北部，临着加来海峡，比利时与法国就在这里接壤。经过几百年的辛勤开垦，佛兰德的沼泽已经被开发为大片大片的田野。但是战争爆发后，炮火的轰击破坏了复杂的排水和堤防系统，后来的雨淋和炮击把伊普雷周围地区搅成一片泥海，星罗棋布着阴暗、污浊的池塘，从活人以及人与动物尸体的废物和垃圾中散发着恶臭，这里似乎又变成了沼泽王国。

总司令部曾经接到比利时人的报告，强调这个地形不适合军事行动。如果马匹和大炮不及时控制住，就会陷进淤泥里去。但是黑格却对这个地区的干燥的地图更为神往，他并没有派遣人去实地调查。而且他还不了解，在这一防区，德军沿着从帕尚达埃尔村庄延伸到梅西纳村庄的一条约 13 千米天然高地掘壕挖沟，防守非常牢固。

对于这个对德军没有战略价值而对英军却充满危险的作战地点，劳合·乔治首相和英国内阁并不赞同。但是，黑格受到第一海务大臣杰利科的支持，他关心来自海峡口岸的潜艇威胁，于是，最

终黑格没有被说服，坚决要从这里出击。

地道战不独独出现在中国，伊普雷突出部的地道战也非常出色，而且特点跟东方的完全不同。伊普雷突出部的防守，自大战开始，一直由休伯特·普卢默爵士指挥的英国第2集团军进行。这个足智多谋的爵士，设计了一个绝好的方案，在挡住英军突出部东南侧翼的一连串山脊的梅西纳那一边挖掘地道，一直挖到德军的底下，再把它炸掉，送德军进地狱。

这必定是一场持久的挖掘。威尔士矿工和其他部队耐着性子劳动了两年之久，完成了军事史上最惊人的坑道作业。在灯泡的明亮光芒下，挥舞铁镐和高举铁锹挖掘深至38米的竖井，同时水泵不断把坑道里的水抽出来。除八千米横坑道外，普卢默的部队还挖了19条坑道，有些近一千米长。坑道挖掘完成后，在紧要的敌人阵地下面，塞满了45万千克的烈性炸药阿芒拿，威力非常之大。

但是这样天才的想法并不仅仅被英军所拥有和执行，德军也想到了这个主意，但他们的坑道作业着手晚得多，从来没有赶上过普卢默的矿工。德军在一些地方挖到18米深，不及英军的深度。在德国挖洞者朝英军挖来时，英国监听员借助扩音器担心地听着——有一次，德国的一条横坑道，其尽头离英国的坑道不到0.6米，双方差点挖通。在每一口竖井上面，英国人作了记号，写上“深井”字样，但对于这样的诡计，德军识破了。

突袭的日期定在1917年6月7日，地面上为突袭作准备可以清楚地被观察到，被俘的英国俘虏也谈到这一点，有的甚至透露突袭的日期，在突袭之前要进行七天的炮击。但是对于坑道作战方案，没有一个英国俘虏提到。

德军依然有怀疑的军官，他们派出突击队，深入敌区，取来了从坑道中挖出来的黏土，这些黏土毫无疑问地证实了英军挖掘的深度。但是，这还是没有引起德国的特别注意，他们并未尝试从梅西纳山脊撤出，因为他们估计英军埋藏得这样深的炸药不过能引起震颤而已。显而易见，他们低估了阿芒拿炸药的威力。

在经过了一周的炮击之后，突袭的前夜，也就是6月6日夜间，普卢默非常赞许地评价这个工作，并且风趣地说："先生们，我不知道我们是否将在明天造就历史，但我们肯定将改变地理。"他确切地知道45万千克烈性炸药所带来的破坏。

在即将创造惊天动地的响声之前半小时，所有英国大炮都停止了攻击，同时部队的枪上了刺刀，在堑壕里待命。发动进攻的时刻是早晨3时10分。时光缓缓滑过3时的时刻，德国的绿色和黄色信号弹照亮了夜空，给炮火发出信号。在对英国防线进行一阵简短的炮击后，前线又沉寂了。

时间到了。

电池外壳的插棒式铁芯被塞了进去，同时引爆了所有19条坑道的炸药。当泥土冲向高空时，震波穿过海峡，甚至伦敦唐宁街10号的首相都感到了一丝威力。

这一场精心准备许久的坑道炸药战，使德国感到惊愕和害怕。德国防线上炸成的弹坑，直径达90多米，30多米深，炸死或炸伤的德军在两万人以上。当黎明时天空中最初出现的光线照亮烟尘形成的柱子时，九个师——包括一个澳大利亚新西兰师，带着上了刺刀的步枪冲锋。最初的前进没有遇到抵抗，但前线后面的抵抗愈来愈强。这天的战斗结束后，协约国共俘获了7300名俘虏，但是接下来的几天英军并没有太多进展，而且普卢默军队的死伤人数已经达到2.5万人。

二、最血腥的战斗

黑格的军事计划希望在8月之前完成，因为8月份的骤雨会使伊普雷突出部变成完全的泥淖。

黑格的计划包括攻占山脊，然后向海峡口岸前进。普卢默将军已经执行了这个战役的第一阶段，但他对付加强的抵抗缺乏进展，促使黑格提出由休伯特·高夫将军及其第5集团军分享和普卢默同等的指挥权，但实际上由高夫将军指挥这次突击。

这就形成对英军不利的局势。因为，不但高夫及其参谋人员不熟悉伊普雷周围的地形，而且第5集团军是一支组织松弛的部队，它的几个师里都有很多新兵，这就把作战经验上的优势给拉了下来。更加不利的是，在接着而来的部队重新组合中，由于普卢默的第2集团军调往右面，而左面阵地由第5集团军防守，高夫的大量补给不是到达太迟，就是卸在很不合适的待运地区，这让英军的效率变得很低下。

在德国防区，是西克斯特·冯·阿尼姆将军及其能干的参谋长弗里茨·冯·洛斯贝格上校指挥的德国第4集团军。英军不知道，德军正在应用洛斯贝格首创的弹性防御新战略。在这种新的战略的操纵下，敌人可以稍有前进，但是之前必须付出重大伤亡代价。

第4集团军的防御包括六条堑壕线，上面盖着混凝土和排列成菱形的机枪弧形窗。因为习用的堑壕体系实质上已经放弃，代之以一系列钢筋混凝土碉堡，每个碉堡甚至能经受一颗203毫米炮弹，当然有的时候炮弹直接命中碉堡，即使碉堡依然坚固，可是里面的人则常常会被震死。

此次战役，德军前沿阵地只配备少量人员，但是当进攻部队进入后方地区时，抵抗越来越强。高夫也不知道德军的新武器——芥子气炮弹。这种炮弹发射的糜烂性毒剂，对眼睛、呼吸道和皮肤都有作用，接触后皮肤红肿、起泡以至溃烂，眼接触可致结膜炎、角膜混浊或有溃疡形成，而一旦吸入蒸气或雾损伤上呼吸道，就可能导致咽喉、气管、支气管黏膜坏死，疲乏、头痛、头晕、恶心、呕吐、抑郁，是症状的表现，中毒严重者就会引起死亡。

德军为使他们的防御更为坚强，还把陆地淹没，使每个碉堡的三面都被水包围。每个碉堡的后面有几条小路，以便防守者迅速退却，而进攻者却不得不缓慢地前进，从一个水坑跳到另一个水坑，直至距离近到能把手榴弹扔进发射机枪的狭孔中。这种防御性战法在以后被协约国的军队学会了。

鲁普雷希特皇子对于自己所部署的防御体系非常乐观。

劳合·乔治对黑格的战役计划持有怀疑态度，组织了一个由内阁阁员、民间知名人士和军界人物组成的军事委员会，目的在于限制黑格的权力。但是简·克里斯琴·史末资将军和寇松勋爵两人表示支持黑格，劳合·乔治也便没有办法了。

7 月 22 日，战斗开始，英军进行了十天的密集轰击，英军 3300 多门大炮与德军的 1500 多门大炮一共发射了 150 万发以上的炮弹，炮弹爆炸的声音轰隆隆传出很远。从 7 月 30 日起，季节雨开始淅淅沥沥地下起来，使战场成为一大片沼泽。

大雨使英军的不利形势加剧了。派来侵扰德军防御工事的坦克，无可奈何地陷入困境，它们的装甲钢板太薄，经受不住密集的德军炮火。一共 48 辆坦克，只有 19 辆能勉强投入战斗，其中 17 辆迅即被击毁。战斗打得异常艰难，但还是有一些进展。高夫的步兵在一条24千米的战线上前进了几千米。但是，不久就遭到德军的反击，他们被迫又回到出发的防线那一带。第一天的进攻，英军伤亡人数就达3.2万人。

大雨使得双方的飞机也不能发挥正常作用，地面上进展得非常缓慢。黑格的指挥部继续发回欺骗的电报，说在全线进攻中，已经突破德军防线，但最后高夫终于承认他的部队陷入无望困境的事实。于是，黑格命令普卢默将军及其第2集团军尽他们的所能去营救，但已经晚了。

英军连续的进攻，只从出发地向前推进了六千米，而战役也拖过秋天，直到11月20日，那时零度以下的气温和地上结冰，为结束这一战役提供了借口。三个月的战斗，使得以英国为主导的协约国联军伤亡近30万人，德军损失少一些，大约27万人伤亡。顽固、狭隘、自高自大的黑格冲到英吉利海峡的宏大计划，以只得到几平方千米毫无价值的沼泽地为结束，这片沼泽地以及荒芜的帕尚达埃尔村庄并不能给予他任何荣耀。这场战役连同索姆和凡尔登的战斗，被列为英国战史上所进行过的最残忍、最血腥的战斗。

25 弄巧成拙

——投机者意大利的失败

◇

意大利这个国家非常的奇怪，在欧洲的大小争端中，他往往是作为一个猎取领土的投机者而存在。而在战争爆发前，意大利是“三国同盟”的签字国之一，但是它在战争爆发后一直保持中立并且摇摆不定，它在加入据其判断最有可能取胜的阵营之前，先在一旁守候着。

战争初期，因为奥地利人在东线同俄国的交战中遭遇挫折，德国不得不去支援，以对付即将冲过喀尔巴阡山山口和扫荡匈牙利平原的俄国人。奥匈帝国的失败接二连三，在对塞尔维亚的另一次轻率的进攻也损失惨重。

所以，鉴于奥匈帝国屡战屡败的表现，意大利人显得不大想再保持中立了，而德国最高统帅部担心，意大利成了协约国一方的交战国，会改变形势，使奥地利遭受摧毁性打击。德国为了防止这件事情发生，极力主张意大利应当得到它所要求的领土，以作为其中立的代价。由于这块领土属奥匈帝国所有，奥地利反对这样做，但谈判仍继续进行。与此同时，意大利还在秘密同协约国谈判，于是意大利会怎样做就充满变数了。

一、徒劳的进攻

当奥匈帝国在俄国的猛攻中临近崩溃的时候，意大利人非常担忧，因为，只有他们在奥地利垮台之前正式加入协约国，才能参与对它的瓜分。另外，在对奥地利的领土上协约国比奥地利自身更为慷慨。

所以，1915 年 4 月，罗马签订了秘密的伦敦条约，于一个月后宣战。这个条约规定，作为对协约国军事援助的报偿，将给予意大利以蒂罗尔、的里雅斯特、伊斯特拉、达尔马提亚海岸的一部分和希腊人聚居的多德卡尼斯群岛，还允许意大利扩大其非洲的殖民地和参与瓜分奥斯曼帝国，条件可以说是非常让意大利人狂热。

1915 年 5 月 22 日，意大利人对奥匈帝国正式开战，但财政枯竭和惧怕德国，使它的军事野心受到约束。意大利并不对德宣战，德国也毫无办法，柏林对这种两面派行径虽然鄙弃，但并不感到奇怪，但是在奥地利看来就完全不同了，这分明是卑鄙的背叛。

而意大利的想入非非显然在现实面前并不美好。意大利军队的装备太拙劣了，既缺乏生产重武器的条件，又没有钱购买。英国过去分享着法国的煤，法国东北部的煤矿而今都落在德国战线后面了。现在，英国不得不把宝贵的燃料运给意大利，以供其工业和船舶之用，因为意大利海军能把奥地利潜艇围困在亚得里亚海。这使得意大利成了协约国的一个负担。

意大利军队在1912年与利比亚的战争中受到创伤，还远未做好参战的准备，它的部队缺乏充分装备。总司令卢伊季·卡多纳将军不是一个可以独当一面的人，他也没有积极准备。但尽管如此，意大利军队仍然给奥军有力的威胁。奥军正在俄国战线挣扎求存，只能抽出十万士兵来守卫共同边界。奥地利人知道，要对付由多洛米特、卡尼克、尤利安等阿尔卑斯山脉拱卫的掘壕固守的兵力，任何意大利的突袭将是上坡的战斗，这对自己是有利的，而一旦其他战线上的压力有所减弱，就会有部队解脱出来，他们就能比较容易地长驱下坡，穿越北部的意大利平原，让意大利人感到后悔。

由于地形的限制，两国战线是773千米长的成曲线的山脉障碍，南部和东北部环形战线上的任何意大利人的进攻或防御，都是奥军占优势。卡多纳知道，向多洛米特或卡尼克山脉突击，将招致全部毁灭。这里的阿尔卑斯山脉有险峻的山口和隘路，只有最有训练的阿尔卑斯山部队才能攀登。进攻的难度显然超过了意大利的想象。

协约国唆使卡多纳进行此类冒险，因为他们是这样想的：如果能够迫使奥匈帝国两线作战，那么奥匈帝国就要完蛋了。即使德军支援，也得从离得很远的西线调兵过来。

但是，协约国的预想却并未在现实中发生。卡多纳对伊松佐河缓慢地蜿蜒流向亚得里亚海时沿途的泥淖平地和沼泽熟视无睹，只看到相去不远的平坦的平原。他毫不注意由设防的戈里齐亚城堡所保卫着的笔直的高山悬崖，而这个城堡坐落于伊松佐河缓慢过时所形成的一片沼泽和平地，是具有战略意义的。

在意大利宣布的“战役的首要大目标”中，他们试图夺取面对戈里齐亚的97千米宽的桥头堡，卡多纳还决定沿着200余千米长的特兰提诺前线进攻。卡多纳的对手是斯拉夫将军博罗耶菲茨·冯·博伊纳，他的部队包括有经验的山地战士在内。卡多纳用两个集团军来对付这些山地部队，徒劳地力求消灭特兰提诺突出部。经过代价高昂的战斗，意大利军队也只是攻占了突出部的边缘。除此之外，意大利再没有胜利的机会了。

从1915年6月到1917年9月间，两国在这条97千米长的战线上分别进行了11次血腥而徒劳的战斗，被称为伊松佐河战役。

伊松佐河战役中每一次战斗的剧烈程度不同，但是结果却都趋于一致。卡多纳不怕意军尸如山积，继续进攻，但他动摇不了奥军。由于戈里齐亚不过是通向悬崖绝壁的巴因西扎和卡尔索的门户，纵使该城被攻占，他也会损失极大。

意军在人数上有2:1的优势，但跟奥军防御阵地的有利条件相比，显然意味着更大的死伤人数。自1915年6月下半月开始的血战，历经夏秋两季，其间只有短暂的间歇期以补充人员、器材和给养。到12月初这个防区冰封之时，意大利人付出了巨大代价，只在敌人防线上留下几处孤立的突入点，进展非常有限。

然后便进入了寒冷的冬天，奥匈战线相对说来处于休战状态。寒冷季节结束后，康拉德将军准备反击的时刻到了。他集合了阿尔卑斯军的两个师，乘春天融雪的时刻发动进攻，直扑没有准备的意军，意军大败。

奥军乘胜追击，把意军赶过伦巴第平原。但是这次胜利促使维克托·艾曼努尔国王要求沙皇发起进攻，所以当勃鲁西洛夫将军进攻凯斯的时候，南线的奥匈部队被抽调去对付俄国人，以至于最终几乎被打垮。

在奥匈帝国的多民族军队中，斯拉夫人对俄国人并无恶感，不但作战不用心，甚至有时对他们自己的日耳曼军官捣乱。但他们对意大利的背叛的愤恨却是始终存在的，这是他们在沿意大利战线获胜的一个因素。他们一经被调往东线后，剩下来的奥军就退守山区了。卡多纳利用这个有利条件去进攻特兰提诺，但他唯一的所获是几平方千米的阿尔卑斯山的岩石，所以在 1916 年余下的那段时间里，两国并没有发生大规模冲突。

二、丢盔弃甲

俄国于 1917 年陷入混乱并且最终崩溃，于是，意大利倒霉的日子来到了。

这年夏天，德国和奥地利决定向意大利发动联合进攻。

9 月，奥托·冯·贝洛将军已经组成一支包括精锐的阿尔卑斯军在内的八个德国师和九个奥地利师的军队。

德奥联军的集结给卡多纳提供了充分的进攻警讯，但他竟然置之不顾；后来有人带来了详细的计划，表明进攻将从卡波雷托地区开始，卡多纳仍没有做多少准备。他只是命令第 2 集团军和第 3 集团军构筑纵深防御阵地，但未再费心去监督他们的部署，这使得他酿成了大错。

卡多纳，这位65岁的将军，对他的着军服的或不着军服的农民和工人的福利漠不关心，拒绝给他们提供甚至最基本的休息设施，这大大地损害了军队的战斗力。唯恐士兵忘却，卡多纳向他的指挥官发出纪律指令，头一句就是："最高统帅部要求，无论何时何地，铁的纪律应当统治全军。"对违犯规章的处分，他采用的是文明军队废弃已久的野蛮刑罚。他的专制主义造成他的指挥官们对他的不敬。他除颁发一般的命令外，很少再做其他事，而这些命令有时则被持不同看法的下级所忽视。第2集团军指挥官卢伊季·卡佩洛将军，无视卡多纳保卫卡波雷托的命令，准备在卡波雷托东南16千米左右的一个村庄托尔米诺附近进行反击，因此在防线上留下了一个巨大的缺口。卡多纳正在巡视其他战线，直到10月19日，即敌人开始进攻之前的五天，才来到伊松佐河防区。那以前他一直不知道有缺口；在他不在期间，也没有一个人想到要报告他，作为一位将军，这是彻头彻尾的失败。

对卡多纳的计划嗤之以鼻的卡佩洛将军，把他的最不可靠的部队派到了托尔米诺战线。士兵大部分都是工厂工人，这些工人是最近才征集来的，而卡佩洛将军对士兵们的并不比卡多纳好多少。早在5月，意大利的进攻就逐渐消失，那时士兵们自发地投降敌人。有一次，三整团士兵扔掉武器，跟在一面白旗后面，向着奥军大步走去。

一个不靠谱的上级以及一个不靠谱的下级所镇守的战线，其脆弱程度可想而知。

25万德奥联军蹲伏在卡波雷托，他们对于卡佩洛将军留下的缺口一清二楚。而滂沱的寒雨和浓雾为他们提供了隐蔽。

1917年10月24日破晓前进攻开始，朝向意军阵地的大炮开始用烟幕弹和毒气榴霰弹交替密集轰击。有些炮弹散发浓烟或恶臭，意大利防守者感到非常难受，但他们却不知道这是芥子气。于是，许多士兵窒息得晕厥、死亡，而意大利防毒面具对于这种毒气不起保护作用。惊慌失措的意军盲目地东冲西突，乱成一团，贝洛将军开始徐进弹幕射击，一个小时不到一千米地缓缓推进，后面紧紧跟着用手榴弹和轻机枪装备的突击部队。当火力达到它的射程限度时，部队就冲过意大利防线的缺口，绕过孤立地区的抵抗，从后面包围残敌。当意军想摸索着逃跑时，高爆炮弹就劈头盖脸地打来，许多人在这里丢掉了性命。

于是，意军溃退下来，卡波雷托战线垮了，24 日下午的时候，贝洛的军队已渡过伊松佐河，意军全面溃退。

25 日，德奥联军继续前进。如果这时，意大利进行有秩序的撤退，或许还能保存一些力量，但是卡多纳又耽搁了两天，直到 10 月 27 日才下令撤退，致使死伤大量增加。在壕堑之间的冲锋战中，意大利很多士兵看到逃跑无望，就放下枪械举手投降，另外一些幸存者向后跑了 113 千米，在皮亚韦河后面重新集结时，卡波雷托的灾难告终了。

在这次突袭战役中，德奥联军以 16 个师对意大利的 55 个师，一举夺回了意军以 100 万人死伤的代价、沿着伊松佐河进行了 11 次血战所得到的几平方千米领土。意大利共有一万人死亡，三万人负伤，29.5万人被俘，此外还损失了大量的武器和装备，败得无以复加。

得知意大利的惨败，协约国急忙调了六个法国师和五个英国师前去支援他们，所以得到这些增援后，意军得以坚守在皮亚韦河后面，以对抗德奥联合部队。

德奥联军为没有在意军逃跑前捕捉住他们而沮丧，他们的追击由于步兵缺乏铁路或汽车来运输并且大炮只能用马拉而受到阻碍。另外，意军丢盔弃甲之后一无羁绊，所以跑得飞快。

12月26日，德、奥两国在这个战线上的补给已经耗竭得差不多了，便撤退了。

阿曼多·迪阿兹将军取代了卡多纳，这位新上任的将军或许称不上一个较好的战略家，但至少比较关怀他的部队。在改编军队中，意大利的国土上出现了敌军，这一点帮了迪阿兹的忙，举国上下又出现了一片民族团结的气象。工厂工人放弃他们的革命教义，宣布暂不罢工，先支持把敌人打走。

在意大利侥幸脱险的同时，协约国东线的俄国被打败了，大批的德国部队解脱出来投入了西线。协约国的战线决定，必须不惜一切代价使意大利继续进行战争。这时候美国已经积极参战，但离他们的到来还需要等待一段时间。所以，费迪南·福煦将军急急忙忙地赶往罗马，同意大利人协调法、英各师的行动计划。这个国家已经把失败抛在了脑后。

最终，迪阿兹将军的军队，得到英国第10集团军三个英国师，加上两个法国师和美国第83师第23团的支持。等到这些联合兵力打败了沮丧的奥军的时候，已经是大战将结束时候的事情了。

26　十月革命大爆发
——俄国退出战争

人们对俄国战线的停滞不前丝毫不感到惊讶，因为这个国家军队的落后和低效实在是与其他国家有不小差距，虽然它的军队是庞大的。

但是俄国最后一次大的进攻却让人震惊，不管是奥匈帝国的军队，还是沙皇。

这场大的进攻自1916年6月4日开始，指挥官是最能干的阿列克赛·勃鲁西洛夫。至于这场进攻的动机，则是缘于意大利。当意大利的政府天平倾向于协约国的时候，奥地利军队尤其愤怒，在一次凶猛的进攻中，特兰提诺的意大利军队退到伦巴第平原。这已经直接威胁到意大利政府的存亡，于是恐慌无比的意大利国王发加急电报恳求沙皇来拯救他的政权于危难之中。于是，尼古拉皇帝下令对奥匈军队发动东部战役。其实，他并未对这场转移奥匈帝国注意力的进攻抱太大的希望，然而战役先期的成绩令他展开了笑颜。

但是，沙皇的喜悦是转瞬即逝的，他还不知道他的皇朝已经到了崩溃的边缘。

一、勃鲁西洛夫的奇袭

1916年6月4日，战斗打响了。勃鲁西洛夫没有按照惯例首先提出警告，就沿着322千米长的战线出击，而且他并没有用大炮弹幕射击准备，完全用奇袭来打击敌人，令奥匈帝国措手不及。

这次进攻，俄国兵力共计51万人，包括40个步兵师、十个骑兵师和1770门大炮。这个实力大体上和敌人的实力相等。所以，俄军的奇袭有了一定的突破。

俄军的目标是重要的科韦耳和伦贝格铁路中心，加利西亚的工业首府，在他们的猛冲下，奥匈帝国的防御崩溃了。这里的奥军是奥匈第4集团军以及由一支不稳定的多民族混合组成的第7集团军，俄军的突袭令他们没有准备，于是被打得不得不溃散，向后方奔逃而去。

对于勃鲁西洛夫的胜利，总司令部的首脑们感到惊讶，沙皇也颇感意外。因为，没有一个人对他的进攻抱有足够的信心，也就没有准备为他提供后备军或物资，他们差不多是去送死的。但是不到一个月的时候，到6月底他们势头稍低时，打得已经有些疲惫的俄军已经俘获了20多万名敌人，他们的前进部队已经望见喀尔巴阡山的山口。要是他得到人力和补给的增援，勃鲁西洛夫很可能使崩溃中的奥匈帝国当时当地垮台，但是俄国的低效使得这成为不可能。

兴登堡对于奥匈帝国在这里的溃败也感到震惊，他在凡尔登和索姆还有一大批后备军，但是这些地方也非常需要这些军队。考虑再三，他决定先拯救这个盟友，于是便迅速抽调15个师来防止奥地利的陷落。

德国人的支援军队沿着高效率的铁路向东疾驰，而俄国总司令部也给勃鲁西洛夫送去支援，但这些支援是用马拉货车在满布车辙的泥路上费力地慢慢运来的，速度可见有多么缓慢。

7月中旬的时候，奥德联军已把战线稳定下来，对俄国的薄弱据点的反复反攻已夺回了许多小块土地，尤其在卢茨克周围，联军的势头变得非常迅猛。勃鲁西洛夫凭借着他杰出的指挥才能，在缺乏充分的后备军和军火支援的情况下，不但固守从奥军手中夺来的97平方千米土地的大部分，而且反复进攻，令奥德联军的日子很不好过。战斗一直持续到9月的第二周，在俄军的死命纠缠之下，奥军和德军的死伤总数已经超过25万人，被俘者的人数大概也有这么多。但是俄国却付出了两倍的代价，死伤、被俘的大约100万人。

勃鲁西洛夫之所以杰出，有时候体现在敢打敢拼这方面，因为那时俄军中的一部分由农民组成，这些成员总是没有武器或弹药，有时他们用刺刀绑在一根棍棒上冲锋，甚至不得不赤手去折断有刺铁丝网。正因为如此低能的军队，勃鲁西洛夫进攻的得势才让总司令部大为惊讶，他们是非常了解自己的军队的。

二、革命火焰炽烈燃烧

虽然勃鲁西洛夫时有胜利，但是俄国总体上还是以失败居多，而且沙皇的军事政策在多变的同时又充满了暴戾之气，不是大加屠杀就是停滞不进。许多士兵已经受够了这种毫无希望的日子。冬天到来之后，寒冷加剧，超过100万士兵开了小差。士气低落得无以复加，开小差的士兵公然住在家里，对当局的毫不严厉的干涉熟视无睹。

这时候，腐败和低效率沾染到社会的各部分，不只是军队。所以，当军队的承包商收了钱只供应补给的一部分，已经没有人感到奇怪了，这些补给品的质量之差上层也不再关心，但士兵却是受害者，所以他们的生活境况和心理状态可想而知。

沙皇的王朝已经持续了300年，在这几年里危机重重，随时都有遭遇到危险的可能，但沙皇对于这种境况当做不存在，仍然无动于衷。有人试着指点他，他都不理不睬。这个沙皇实在是太无能太自负了。有一次杜马议长提出警告说叛乱正在席卷这个国家时，尼古拉写信给皇后："这个大腹便便的罗德江科，又给我写了一篇胡话，我甚至不愿回答。"

鉴于沙皇的这种态度，连杜马中最保守的党派，也同意必须除掉沙皇。温和的社会党人亚历山大·克伦斯基提倡"必要时用恐怖分子的手段"来一个反沙皇的政变，参谋总长阿历克谢夫着手策划逮捕皇后，迫使沙皇进行一次有效的改革。但是，事变的发展使他的策划变为泡影，更热情、更急切的一伙人的起义代替了他的策划。

1917年3月初，彼得格勒爆发了罢工和粮食骚动，工人们因为长期的战争、饥馑而走上街头，起义发生了，并且势头越来越激烈。沙皇派出了军队，但他们和起义者亲如兄弟，一起哗变。沙皇的政权无论在哪里都得不到支持，专制统治等不到被推翻便突然垮台了。

沙皇失去了对国家和军队的控制，不得不于3月15日把他的退位书送给他最近非常藐视的杜马议长。以温和派为首的临时政府成立了，亚历山大·弗多洛维奇·克伦斯基作为总理，肯定了它对协约国的忠诚，保证继续作战。工人和士兵组织称为苏维埃委员会，起初同新政权合作，但不久他们进一步向布尔什维克影响下的左翼靠拢，布尔什维克要求结束战争和废除私有财产。

德国看到俄国国内的混乱越来越严重，便想同俄国单独媾和，以便在西线集中所有军队。为了达到这一目的，代表德国最高统帅部的鲁登道夫，采取有意的冒险行动，以使俄国退出战争。冒险的行动就是，除坚守他们的防线外，停止了东线的一切军事活动。鲁登道夫以幸灾乐祸的心态高兴地注视着温和派和布尔什维克之间的裂痕的扩大。他知道非正式停战会阻止这两个派别团结起来共同保卫俄国。政治上老练的德国特务，伪装成士兵，聚集在前线，双方在温暖的阳光下交起朋友来。

而俄国士兵，干脆不理会作战的命令，等着事态的继续扩大。而事态的变化发展也在悄悄地进行着，临时政府在权力的争夺中占了上风，效仿了沙皇的作风，公开使用暴力镇压人民群众的示威游行，并准备建立军事专政，而这时候苏维埃委员会的主要人物尼古拉·列宁等人被迫流亡国外。

为了加速使俄国退出战争，达到自己的目的，鲁登道夫安排列宁和一批革命家经德国从瑞士到波罗的海小口岸城市扎斯尼茨，再从那里赴瑞典的马尔默。在德国的请求下，由瑞典政府把他们运往那时仍是俄国一个省的芬兰。外交部的指令说，“如果不准俄国人进入瑞典，陆军最高统帅部准备使他们经过德国防线进入俄国。”列宁经过一番辗转，于4月16日回到了圣彼得堡。

俄国稍稍转为“左倾”。5月中改组的政府由社会党的多数组成，包括担任陆军部长的克伦斯基。俄国已经打得筋疲力尽，协约国却认为没有什么要紧，它通知新政权：不打仗，就不支援！法国特别坚持要从东面进攻德军。俄军被反抗所震撼，知道再受到大规模突击就将失败。作为一个激进演说家而享盛名的克伦斯基，访问前线以提高士气和激励士兵作战，但人家对他的雄辩充耳不闻，因为这时候打仗已经成为一种空洞的符号和牺牲的必然。布尔什维克的口号“和平，土地，面包”比同德国人打仗有大得多的号召力，战争早日结束成为了他们的盼望。

克伦斯基依然忠于协约国，所以最终埋下了毁灭俄国民主的祸根。这时候勃鲁西洛夫已经被提拔为新的总司令，克伦斯基命令他发动进攻。这位将军以伦贝格为目标，从精锐的高加索团、芬兰团和西伯利亚团中调集了 20 万部队。先头部队是最精锐的哥萨克骑兵旅，但是，他依然没有可靠的步兵后备军可用，这便导致了他最后的失败。

三、俄国的退出以及革命的胜利

勃鲁西洛夫指挥的进攻发生在1917 年7 月1 日，这次德军没有抵抗，于是在猛烈的进攻中，俄国俘获德军 1.7 万余人，以后几天又俘获了一万多人。

奥、德军队在几天内迅速做好进攻的准备，伦贝格一直在牢牢地坚守着，没有被俄军攻陷。奥德联军因新开到的后备军而得到加强，使用大量野炮在广阔的战线上进行反攻。当奥德联军反攻的时候，俄军就完全承受不住了，他们快速突袭还可以，但对正面作战往往以失败告终。在奥德联军有计划的猛轰下，俄国士兵从有秩序的退却变为全线溃退，德军则在后面穷追。不到一周，一年多来勃鲁西洛夫进攻期间俄军所获得的全部领土，实际上都被德国夺回来了。

俄军前线的纪律荡然无存，三心二意的士兵越来越多，以致军队自行解散了。在东线至少仍有八个德奥师，但所有追击都已停止，因为俄军已无心打仗。德国最高统帅部估量了这个形势，决定不采取任何可能使俄国人联合起来的措施。最终，俄国在7月底永远退出这次大战，东线的战争结束了。

俄国一片混乱，反对地主的农民起义，不等土地改革就把庄园夺取了，而工人也没收了工厂。克伦斯基纵有天大的本事，他脆弱的临时政府也无法制止内乱，渐渐地，人民支持他的一点残余希望都消失了，留下了一个权力真空。

列宁于1917年11月7日，也就是俄国儒略历10月25日，掌握政权。所以，这场革命被称为十月革命。然而，布尔什维克是少数派，得不到公众的赞同，但他们力量的源泉是得到武装赤卫队支持的苏维埃。

11月8日，列宁发布和平令，11月22日签订了停战协定，然后于12月初在德军占领的俄国铁路线终点布列斯特·里托夫斯克开始和平谈判。

在谈判上，德国要求俄国放弃波兰和其他西部领土，由莱昂·

托洛茨基率领的苏联代表团，当然不会接受这样的要求。而且，托洛茨基认为德国革命迫在眉睫，声明他自己不向代表团讲话，而向德国工人讲话。马克斯·霍夫曼将军坚持要求承担协定的义务，托洛茨基不作明确答复，后来声明俄国不能接受德国人的条件。他的“不战一不和”的声明，激怒了霍夫曼，霍夫曼决定发动进攻。

德军的进攻没有受到俄军的抵抗，于是更加深入俄国领土。这种形式令俄国难堪，1918 年 2 月 19 日，在德国人进军后不到 24 个小时，这位苏联领袖发出电报，接受德国在布列斯特·里托夫斯克提出的全部条件。可是，霍夫曼将军又前进了两周，他的军队已进到普莱普斯湖和纳尔瓦，使彼得格勒面临入侵的危险，俄国一片恐慌。

这时，霍夫曼终于相信俄国领导人不会再拖延时间，于 3 月 3 日再同他们在布列斯特·里托夫斯克会谈。

这次会谈，使得俄国人同意给予波兰、拉脱维亚、爱沙尼亚和芬兰从俄国脱离出去自治，成为独立的国家。而乌克兰和其他俄国领土则继续置于德国占领之下，托洛茨基试图哄骗霍夫曼的策略，代价是高昂的，因为除了以上所列之外，俄国还不得不把巴统、阿尔特温和卡尔斯等地区交给土耳其。

俄国无产阶级的革命胜利了，就这样退出了这场大战，但它内部的混乱却持续了相当一段时间。

27 坦克主导线

——康布雷战役

英国在索姆之战中曾经实验性地使用过坦克作战，因为技术的不成熟以及上阵过于匆忙，不但没起到什么作用，甚至帮了倒忙；法国曾在尼韦尔对德国的进攻中大规模地投入坦克作战，效果也不明显。但是，随着技术的不断进步，这种新型武器总会在战争中发挥它辉煌的能量。

坦克战的初战告捷发生在1917年的康布雷。这场战役的初衷是把德军的兵力从伊普雷防区引开，由朱利安·宾爵士将军的英国第3集团军完成任务。宾和皇家坦克部队指挥官休·埃尔斯爵士将军，采纳了总参谋部主要军官、后来成为闻名的军事作家的J·F·C·富勒上校于8月里提出的建议，那就是进行大规模的坦克作战。

一、出其不意的袭击

坦克曾经在佛兰德的泥沼中被证明没有价值，所以只有往干燥场所转移。富勒找到了能大量部署机动装甲部队和发挥巨大影响的地方——康布雷。

康布雷位于法国北部帕尚达埃尔—梅西纳战场南 72 千米处，该城的南面和西面是一片被小溪和狭堤割裂的白垩土的结实土地。经过调查，富勒发现，诺尔运河和圣康坦运河之间边缘曲折的约十千米旷野，是适合于坦克机动作战的。

防卫这个防区的巴伐利亚皇子鲁普雷希特有 6 个师，其中两个师驻防在这两条运河之间。受宾的指挥用于这次进攻的有 19 个师，其中包括英国、加拿大和印度的五个骑兵师，将作为支援部队，扩大坦克突破的战果。

英国决定严密封锁坦克的消息，给敌人以出其不意的打击，所以军队在保密上尽了一切努力，进攻之前，坦克不准靠近德国的前哨 1.6 千米之内。紧靠防线后面的阿夫兰科特大森林，为大量坦克提供了藏匿的场所。设计者和美术家用最新彩色斑纹技术把车辆伪装起来。英军在准备战斗时，他们低飞的飞机不停地在前线上空嗡嗡回旋，以压倒坦克出动时的隆隆声。

由于保密工作做得到位，部队里除军官外的其他人，直到进攻前 48 个小时都不知道坦克的事。即使到了临战前，他们也没有获知坦克的实际作用。如果在奇袭之前有士兵被俘，在受到胁迫的情况下，也不会泄露机密。

这次突击的主要战术目的，是沿着近十千米的前线使用机动装甲车辆，正面猛冲敌人的防线，把两条运河之间的敌人一网打尽，并攻占康布雷镇。英军的意图不在于要一次决定性的突破，其战术上的突击实际上是一次佯攻，为的是牵制其他战线的德国兵力。埃尔斯将军认为，这有限的进攻计划需要修改。不是将坦克的行动限制于两条运河之间的地区，他要求把坦克沿着广阔的前沿，部署成展开的梯级队形，为前进中的步兵提供庇护。但是，他的建议没有受到重视。

11 月 20 日上午 6 时 20 分，天蒙蒙亮，能见度限于 180 米左右，英军的进攻开始。381 辆坦克的发动机同时轰鸣起来，形成了一片野兽般的声音，车辆沿着夜间用线带标志好的车道隆隆前进，大地都有轻微的震颤。喧闹的坦克向前线堑壕前进时，有刺铁丝的密集障碍物都被铁甲坦克碾到了地上，根本起不到作用。

德国对协约国的坦克早有一些基本的防卫，那就是把每条堑壕掘到 3.6 米多宽，这样就能够阻止坦克越过堑壕。但是道高一尺、魔高一丈，富勒上校克服了这一障碍。所有英国坦克都携带着用链条缚紧的长长柴捆，把它们投在堑壕里，作为临时的便桥。

这次秘密行动，英军省却了经常预示进攻的弹幕射击，使德军受到了一次完全出乎意料的袭击。德国前哨地区的部队在慌乱中投降或逃走了，在夜幕降临前，第 3 集团军已在这条战线上渗入近十千米。

看来，英军的胜利已经近在眼前了。

事实上，英军的胜利几乎是无悬念的、压倒性的胜利，其以不寻常的4000人伤亡的轻微代价，攻占了敌人的堑壕。虽然有65辆坦克被德国炮火击毁，还有114辆坦克抛锚或倾覆在堑壕里，但是，英军一举擒获了7500余名德国俘虏。

下午6时，夜幕降临，英军突击部队已占领了德国突出部的广阔地带。德国人在没有支援的前提下，他们失陷的阵地几乎是不可能被收复的，英国该欢呼一阵子了。

二、德国的反攻

道格拉斯·黑格在西线很少打过胜仗，他对于扩大在康布雷取得的战果全然不知所措。没有更多的后备军，他无法前进，然而又不愿放弃他已经夺得的领土。但是，如果英军留在原地，他们将危险地暴露于三面进攻之下，而且寒冷和多风暴气候的来临，不久将使作战季节告终。

一直犹豫不决的黑格直接告诉宾将军，不要指望任何后备军，英国部队需要去支撑卡波雷托的士气低落的意军。宾就这样地落到了要在精力递减和没有生力军的状况下打一场有限制的仗的为难境地。

但是黑格不知道，把五个做好战斗准备的师调往意大利是建立在不完善的情报或有错误的判断的基础上的，因为在11月10日举行的一次会议上，奥、德两国参谋人员已决议，在冬季风暴逼近时，逐渐减少在意大利战线的作战。

跟黑格的忧虑所不同的是，伦敦一片欢庆。为庆祝康布雷的胜利，伦敦所有教堂的钟声齐鸣。这种欢庆的气氛在大战进行中是仅有的一次，与索姆和佛兰德的情况相较，这是一个值得欢迎的变化。但是后方战线上的人不知道，这次胜利会是如此短暂。

德国在为这次的失败做分析。鲁登道夫得知这一消息，最初的反应是慌乱，但他不久就充分恢复过来，命令援军急速开往这个防区。后来他说，新武器“是够讨厌的，但不是决定性的”。兴登堡有一个更为清醒的评价，他写道：“英国在康布雷的进攻第一次揭示了用坦克进行大规模奇袭的可能性，它们能够越过我们未遭破坏的堑壕和障碍物，这不能不对我们部队有显著的影响。步兵感到他对坦克的装甲侧面实际上无能为力。机动车辆一突破我们的堑壕线，防守者就感到他的后方受到威胁而离开了他的岗位。”

德军是行动迅速的，不像瞻前顾后的黑格，几乎没有丝毫的犹豫不决，果断调来了他们在佛兰德的第4集团军的一部分，而其他后备军也从平静的东线启程前来。

德军增援的兵力来到康布雷，战斗逐渐退化为孤立的、常常是混战的小冲突。加拿大军像往常一样，继续成为战斗的前卫。第3集团军因为缺乏后备军而丧失了动力，而补充了兵力的德军却能有力地作战，逐渐占了上风。在11月30日的一次密集队形的反击中，德军夺回了以前失去的一些地方。到12月3日，英军后退，使他们占有的突出部减少到一半。

紧接着，暴风雪阻止了所有军事行动，这一战线暂时平静下来。两周以来，英军伤亡了4.5万人，德军损失的人员大致也有这么多，1.1万多名德军被俘，英军被俘的约9000人，双方的损失总体上说是相当的，但是英国却丢失了大批已经夺得的领土。

当德国反攻和后来英国撤退的消息传到，伦敦的欢乐转为沮丧，因为他们的胜利没能持续。德国生力军开上来时，英军眼看他们的骑兵大批被打死，他们的步兵受到攻击，因为所处的地形实际上对坚守和战斗或安全撤退都不能提供掩蔽。当英国在康布雷的挫折告一段落时，开了调查庭。像往常一样，它断定一切都是下级军官和军士们的过失，将军们当然都是无可指责的。

对于协约国，这次战役是重要的，坦克在康布雷的战术部署表明，适当使用充分数量的机动装甲车辆能够转变战斗形势。总之，康布雷的这次战斗，是一场成熟的并且小有成绩的坦克主导战。

28 艰难的胜利
——英土中东之战

◇…………

在西线、东线、巴尔干战线与意大利战线之外，还有一条必须提到的战线，那就是中东战线。而这里的主要战场就是土耳其。

土耳其在1914年11月1日与同盟国结盟，那时候英国在中东的兵力包括一个为保护英波石油公司的财产而驻守在波斯湾的阿巴丹岛的印度旅。为寻求一个更适于军事行动的基地，这个旅向北前进，去夺取底格里斯河和幼发拉底河汇合处的美索不达米亚的主要港口巴士拉。

经过几天的战斗，11月22日，巴士拉被英军攻下，但英军也损失颇多。几个月后，印度陆军的高级军官约翰·尼克松爵士将军，把他的部队从印度的西北边境省调往美索不达米亚，他在那里率领一个军，包括两个步兵师和一个骑兵旅。土耳其的实力和英国人的相等，计有阿瓦士附近的部队 8000 人和幼发拉底的 1.8 万人。

但是，英国人对于土耳其这旗鼓相当的战斗力掉以轻心了，而且，热病盛行、干旱贫瘠的底格里斯—幼发拉底流域所特有的作战危险正在使他们不知所措。

一、英军的惨败经历

尼克松派统率第 6 印度师的查尔斯·汤申德将军去追逐力量不均地分布在整个地区的土耳其主力，汤申德向底格里斯的东岸前进，于 6 月 3 日以微不足道的损失攻占了阿马拉。土耳其人宁愿往后撤退，重新集结更多的兵力，而不为一个缺乏任何战略价值的城镇去战斗。

汤申德的特遣部队不顾敌人的扰乱，烘炉般的温度和疾病，沉重缓慢地上溯底格里斯河，于 1915 年 9 月夺取库特伊马拉，然而，由于缺乏充分的医药设备，许多伤员不必要地死亡了。汤申德继续沿着底格里斯河前进，遇到的抵抗日益增加，10 月初进入阿齐—齐亚一线，那时河谷深处往往干涸为泥泞的细流。谨慎的尼克松感到进一步前进的困难，命令汤申德把他的部队停下来，但后者的命运已经决定了。

英国内阁为转移公众对加利波利灾难的注意力，要尼克松攻占巴格达。10 月 3 日，一封电报告知这位指挥官说，他“可以向巴格达进军，如果他相信他使用的兵力能胜任作战的话”。这是一个狡猾的手法，因为伦敦完全了解尼克松没有胜利的希望。如果这一计划失败，尼克松将承担失败的责任，而胜利则将增加政府的信誉。

不熟悉作战地形的汤申德的印度士兵，在巴格达东南 32 千米、牢加设防的古代吉泰西普洪遗址与土耳其军遭遇。两天的战斗，1.4 万人的英、印军队伤亡了三分之一。于是，汤申德的筋疲力尽的部队带着只有两个月的存粮退到库特伊马拉，他们的唯一希望是掘壕防守，等待增援。

追击的土耳其军包围了库特伊马拉，粉碎了一切援救守军的尝试。1916 年 1 月，芬顿·艾尔默爵士将军试图和他的伙伴会合，遭受了6000 人的伤亡。3 月，他又作了一次努力，再次损失了近5000人。此刻，汤申德下令宰了 1100 匹马，使他的饥饿的士兵吃到东西。到 4 月末，守军面临了被歼灭的命运。根据汤申德用无线电发出的迫切请求，基切纳勋爵准其向敌方投降，这也许是一个可怕的失败，因为伤员和瘦弱的被俘人员经过沙漠时一路受到残酷的鞭打。

土耳其一直未能于 1915 年攻占埃及，促使英国人加强他们在那里的部队以对付重新开始的进攻，而英国在达达尼尔的失败，使土耳其部队解脱出来，作又一次进攻埃及的尝试。这一次，土耳其人在苏伊士运河被击退，已经渡过这条水道的前进部队大批被击毙。在亲土耳其的埃及人于 1916 年春发动的地方叛乱被征服后，阿奇博尔德·默里爵士将军继续向干透了的西奈半岛进军。

默里的目的是保护苏伊士运河，并为从西南打击土耳其军创造条件。当部队于1916年5月到达西奈时，他的士兵和一大群土著劳工，开始了筑造一条通向西奈海岸的铁路和输水管道的费时的作业。在工程缓慢进行时，土耳其的出击部队都被一一打退。到1916年年底，默里的部队攻占了阿里什，他们在那里构筑防御工事，以保护铁路和水管。1917年1月，水管终于在巴勒斯坦边界的拉法完工。这儿离土耳其据守的去巴勒斯坦的入口——加沙约有400多千米，但沿着这片连绵的沙漠没有可用的水源。

1916年6月，当地人反对巴勒斯坦阿拉伯地区土耳其人的叛乱正在势头上，麦加行政长官侯赛因·伊本·阿里，发动了历时三天的叛乱，宣布这个24万平方千米的汉志省为独立王国。

1916年8月，弗雷德里克·S·莫德爵士将军奉命指挥在美索不达米亚的部队。他的任务是策划夺取巴格达的战役，默里则受命于1917年春攻占加沙以开始对巴勒斯坦的入侵。英国的优势在十比一以上，但他们是在不能保证有充足供水的情况下进攻巴勒斯坦的。

二、圣城耶路撒冷

1917年3月26日，晨雾笼罩，默里的4.2万步、骑兵靠罗盘定方位，向敌军开去。4000土耳其守军在排得紧紧的、多刺的仙人掌树篱的天然栅栏后面掘壕固守着。沿加沙南六千米外山脊的几个据点被攻占了，但因为没有饮水，后方的补给不能到位，两个骑兵师被迫遗憾地退出了战斗，由此攻势开始徘徊不前。

参谋人员的错误决定，使部队不当地撤出了苦战得来的阵地。默里将军急红了眼，下令蛮冲，试图挽回挫败。结果可以预料，必定是英军损失得更为严重：不出一周，英军退却了，4500人伤亡，而土耳其军队伤亡人数为2200人，可谓扳回一城。

人的情绪在变化莫测的时候，会不会影响历史？在这里有了实验性的答案：会的。黑格非常不喜欢在西线的英国第3集团军指挥官埃德蒙·艾伦比爵士将军。艾伦比一向随机改变战略以适应变化中的需要，但是，也许正因为如此他的上级才反感他。黑格总是留意着想从身边除去这个有想象力的下级，在1917年4月的阿腊斯之战后，他发现自己的机会来了，阿腊斯的战斗开始还是旗开得胜了，但因德国援军远比艾伦比的多，后来终究归于失败。黑格知道劳合·乔治首相需要一位中东方面的指挥官，就赞成艾伦比去担任这个职务。

劳合·乔治对默里进入巴勒斯坦感到高兴，但对他在加沙前面失败又感到恼火。与此同时，莫德将军继续上溯底格里斯河，向巴格达前进。在一次计划周详的突击中，英国炮兵同观察弹着和进行轰炸的飞机协同作战，同时底格里斯河上炮舰小队的支援炮火，掩护着由两个骑兵旅前导，后面跟着密集队形步兵的翼侧进攻。

这场战斗在1917年3月11日很快就结束了，那时这座炎热干旱的城市陷落了。土耳其以3.5万左右的兵力，抵挡了英国人的12万大军，俘获的俘虏在9000人以上。这是一次代价很大的战役，英军伤亡了四万人。

同时，疾病也给部队造成了重大损失，莫德将军本人就是因为霍乱而没能活着回去。

其实，英国最想争取到的是圣城耶路撒冷，因为英国人知道，夺取这个城市在政治上既对奥斯曼帝国是致命的，又可提高英国士气，补偿在西线的逆势。

但是，默里将军于3月和4月夺取加沙的两次尝试，都以失败告终。第二次战斗不到三天就结束了，然而英军仍付出了6500人的伤亡代价，土耳其军的伤亡则是2000人。于是默里的进攻陷于停滞状态。在劳合·乔治看来，在中东没有一个别的将级军官能够担起这一任务。在接受艾伦比将军时，劳合·乔治告诉他："我希望你攻占耶路撒冷，作为献给国家的圣诞节礼物。"于是，艾伦比就开赴中东了。

英国人进攻的步伐，受阻于从加沙延伸到比尔谢巴的32千米宽的土耳其堡垒线。不像西线的连绵不断的堑壕系统那样，土耳其的防御工事包括三个等距离的设防地区，用一连串警戒堑壕联系起来。右侧翼向地中海逐渐稀疏展开，同时左侧翼通向朱迪亚山丘的灌木丛和岩石。英国远征军固守他们的铁路和水管所在的巴勒斯坦边界的沿海狭长地带。军队里几乎没有人真正懂得如何去对付土耳其军的防御工事。直到1917年6月艾伦比到达这里接替默里。

艾伦比是一个战斗型的将军，他没有像他的前任那样留在开罗的豪华住所里，而是和士兵们一起生活在战场上。他很快就看出，第一目标该是比尔谢巴——七口水井的所在地。没有这些水的储备，他的部队、马匹和骆驼就不能在向耶路撒冷进军的漫长、干旱的征途中生存下去。

为夺取比尔谢巴，要用翼侧突击来对付敌人的中央据点。后面跟着步兵的密集队形的骑兵，要冲过缺口，到达敌人后面，并包围比尔谢巴。其他纵队要从左面向加沙进击。艾伦比手下有战斗品质和马术为众所敬服的澳大利亚和新西兰骑兵旅可资调遣，并有由印度和萨洛尼卡抽调来的两师部队为增援。此外，还征集每头可用的骆驼和每个驾驶牲口的人，保证物资支援。

艾伦比深深地明白，他的计划需要时间、准备和战争策略。但结果会是怎样？总之，战斗就要打响了。

三、唯一的重大胜利

向比尔谢巴的进攻开始日定于10月底，日子正一天一天到来。

选择这个时机是有理由的，因为由于降雨，土耳其军将会一心只顾其到处积水的堑壕。俄国和罗马尼亚的崩溃使最精锐的土耳其部队解脱出来开赴巴勒斯坦前线，土耳其的陆军部长恩韦尔·帕夏，要用他们从英国人手中夺回巴格达。恩韦尔·帕夏的意见被法尔肯海因将军所推翻，后者在粉碎罗马尼亚军队后，被派来这里策划土耳其的防务。法尔肯海因预见，打败艾伦比将使土耳其军守住耶路撒冷，并保持他们在伊斯兰世界的神秘性。并且，这位德国指挥官担心来自沙漠方面的威胁。

得到英国的黄金和红海中战舰支持的麦加行政长官侯赛因，用他的亲英的穆斯林部队夺取了这个伊斯兰最神圣的城市。而后，他领导了对沿着汉志铁路和电报线路的奥斯曼驻军的打了就跑的袭击，这两条线路是土耳其在西部阿拉伯的唯一运输和通讯工具。

侯赛因的成功主要由于得到了一个年轻人的帮助，那就是29岁的托马斯·E·劳伦斯上校，他是考古学家和沙漠游击战的创新者。在战前年代里，劳伦斯在巴勒斯坦和叙利亚进行发掘考古，他获得了阿拉伯人及其文化的广博知识。1914年，劳伦斯作为开罗的一个居民，在阿拉伯部族中间参与煽动反叛。当艾伦比来到中东时，劳伦斯已经在沙漠的游牧部族中吸收游击队，并忙于指挥破坏和扰乱整个阿拉伯半岛上的土耳其军。他组织的叛乱开始于亚喀巴，而后向北部蔓延，使死海南端的奥斯曼驻军陷于瘫痪之中，起到的作用不可谓不大。

劳伦斯看清楚了形势，因为在这孤寂的荒原上，那里每天的气温可以升到60摄氏度，唯一的战略目标是死海南端两岸的两块绿洲。不出预料，一支庞大的土耳其远征队尾随劳伦斯，被他设下埋伏而歼灭了。

艾伦比这个时候正在把他的计划拼合起来。因为土耳其人在雨季到来之前将继续控制天空，大部分英国部队都集中在加沙前面的沿海地带，以欺骗敌人，使他们假定进攻将从那里开始。大约就在同时，一名英国骑兵军官将自己暴露在一支土耳其巡逻队前面，巡逻队向他开枪。他装作被击中，在马上像是摇摇欲坠，和他的坐骑匆匆跑了，计划完成。

赶到现场的土耳其军发现了一个军官的公文递送箱，内藏有夺取加沙的“机密”计划。当土耳其军开始向预期的突击防区调动和集中他们的兵力时，艾伦比真感到高兴，他知道他的胜利就要到来了。

1917年10月31日，艾伦比集结他的兵力，向加沙发动第三次进攻。英国的实力计7.5万步兵和7000骑兵，而土耳其的力量为4.2万步兵和1500骑兵。第一次打击不是落在加沙的沿海地区，而是内陆比尔谢巴。短暂的密集的弹幕射击，在土耳其军中炸开了一些宽阔的缺口，艾伦比的骑兵冲过去，在防守者后面扇形展开。接着，土耳其军都被跟在骑兵后面进行白刃战的步兵击溃，纷纷逃跑。

天还未黑，比尔谢巴及其水井就已经都被英国陆军所占领。艾伦比现在转向加沙，加沙也受到英国战舰的重炮轰击。一周后，这个联合突击把土耳其军压倒了。约有一万土耳其人被俘。散兵游勇向北退却了好几十千米并重新集结起来，但仍无喘息余地。到11月中旬，他们通向关键性铁路枢纽站的路被切断，该站是雅法—耶路撒冷铁路线和另一条向南通往比尔谢巴的铁路线的交接点。疲乏的土耳其人在耶路撒冷前面的朱迪亚山丘——这个自圣经时代以来的历史上有名的防卫地作了最后一次的抵抗。可想而知这一抵抗是徒劳的。

12月9日，土耳其残部不知道为何突然结束了一切抵抗，向北逃走。

艾伦比爵士实现了劳合·乔治首相的愿望，并且把这个圣诞节礼物献给了英国。这位胜利的指挥官穿着简朴的军服，徒步走进这座圣城。他的行为同早些时候德皇的表演适成对照。德皇进城，穿了一件上面缀有十字军战士的十字的白色披风，骑了一匹阿拉伯的种马。而艾伦比只是徒步。

1917年这一年，对于英国来说是受挫和伤亡人数剧增的一年，艾伦比的夺取耶路撒冷可以说是该年唯一的重大胜利，在这个非常时期提高了士气，并使土耳其不再成为中欧强国有力的成员。

就这样，巴格达的英国部队，毫不费力地控制住土耳其军。的确，他们感到强大到足以向北朝伊拉克北部摩苏尔进军了。鲁登道夫为使恩韦尔·帕夏的部队免于全部崩溃，派了德国另一个军到中东来，但土耳其人的士气低落已无法补救，大部分士兵都从了无生气的军队里逃走了。

总之，在这条战线上，已经是协约国的主场了。

29 阻止美国参战
——疯狂的间谍战

◇

战争发展到后期，同盟国面对的一个非常头疼的问题是：如何阻止美国加入战争。

美国势必成为他们的对手。早在1914年，美国的舆论大部分是中立的，但是德国的残忍无度让美国人同情协约国。美国受战争的影响开始于1915年，那时德国潜艇向载有美国国民的商船发射鱼雷。英国的海上封锁是要求船停下，接受检查并没收违禁品，但德国的做法却是潜艇不发警告就把商船击沉，而且，德国潜艇的每一次炮击，总有美国平民为此丧命，美国越来越感到愤怒。

尽管如此，德国还是一直在谋求美国的支持，而协约国也开展了强有力的宣传攻势，对美国进行拉拢。特务战也就由此开始。

一、特务战与宣传战

对于美国人的情绪的报告，柏林的特务机关得到的大都是一些错误的内容。他们认为，贪求金钱的美国人会宁可多次受辱，也不会去打一场耗费极大的战争；他们还深信，在美国的几百万美籍德国人会拒绝拿起武器来反对祖国，并且实际上还会破坏任何这类努力。

显然，德国低估了美国的愤怒。

德国特务机关策划了广泛的工业破坏活动，来阻止美国的战争物资运给他们的敌人，这其中包括，把定时炸弹藏入协约国的船舶里而在海上到时爆炸，煽动群众罢工和炸毁军火工厂。如果进行得谨慎和机灵，德国特工可能取得一些成功，但在美国的德国特工人员是令人难以置信地无能到了极点。

再者，美国的反特活动进行得也非常谨慎，即使是德国较机灵的特工，只要在美国活动了短短的一段时期，就都被察觉。这样的例子有不少。

有一次，隶属驻华盛顿大使馆的德国海军情报军官弗兰茨·冯·林特伦上校，领导着一批把炸弹放到协约国船舶上去的破坏者，但英国人破译了林特伦的密码。1915 年，英国人用一封假电报把林特伦诱返德国，在他乘坐的荷兰船进入英国水域时，立刻被英军抓住，成了阶下之囚。

奥地利对此也有动作。奥地利大使康斯坦丁·杜姆巴忙于策动钢铁厂罢工，以使其瘫痪。他给他的政府写了一封信，信内详细描述了他的方案，然后，托了一个途经丹麦去德国的美国人转交。这封信被英国检查队在一次停船检查中发现了，辗转到了威尔逊总统的手上，威尔逊将此事广为宣扬，在 1915 年 9 月提出了把杜姆巴遣返的要求。

三个月后，德国的陆军武官弗兰茨·冯·巴本和海军武官卡尔·博伊·埃德，都因同炸毁军火工厂的密谋有关而被遣返。

同盟国的这些不顺利的事件，使德国大使约翰·冯·伯恩斯托夫伯爵大为苦恼。伯恩斯托懂得美国人的心理和性情，他曾经竭力反对德国潜艇攻击中立国船舶，但是他的声音就像大海里的一声鸟鸣，柏林一丝也没有听见。

因为有大宗款项供他们支配，所以德国宣传工作人员花钱很慷慨，以至于常常暴露了自己。他们曾经偷偷摸摸地买下了纽约的一份日报《邮报》，但是美国人发现了其中的问题，因为无论他们组织和平主义组织，或是资助此类已有的组织，经费总是很快地被查出来自德国。

而德国特务机关最大的一次错误是他们的秘密头子海因里希·阿尔贝特医生自己犯的。1915 年 7 月，一个炎热的下午，阿尔贝特乘上纽约市的一列高架火车，美国特工人员弗兰克·伯克紧紧地跟在阿尔贝特的后面，悄悄关注着他。当火车驶进他要下车的车站时，阿尔贝特还在全神贯注地看报。直到火车将要离站时，他才抬起头来，意识到他得在车门关上之前赶快出去。在匆忙中，他忘掉了他的公事皮包，伯克立即将皮包拿了过去。这简直是特务活动中最不能容忍的错误。

美国的政府官员在高兴得到重大内容的同时，大吃一惊，因为其中的有罪内容是如此使人后怕。然后，官员们决定应予以最广泛的披露。于是，这些文件被提供给纽约的《世界报》，该报每天披露一些，使德国人感到耻辱得难以为继。

可以说，阿尔贝特文件的公布，是德国的一个大灾难。因为阿尔贝特的公事皮包泄露了德国人每项策划了一半的计划，它使德国的宣传戏剧化了。从此以后，协约国宣传工作者可以随心所欲了。

德国人在舆论中马上就处于了下风。

协约国的宣传工作者就这样轻易地胜过了对手。人们明白，煽动罢工或破坏活动的，既不是英国人，也不是法国人，他们的大部分活动是通过报刊开展的。因为英国控制了海洋和海底的全球电缆网，可侦听并检查报道而得到有力的效果。此外，协约国的做法更富有想象力，同语不惊人的“入侵比利时”的陈词相对照，“洗劫比利时”这一提法是更能起到损伤感情的作用的，令国际社会对德国的指责越来越多。

当然，有关德国的暴行，在向美国公众报道时都是添油加醋的。作者竭尽其想象力，把包括神父在内的比利时人质大批枪决，作为使人寒心的故事的主要成分。德国兵挖出平民的眼睛，砍下姑娘们的手，或虐杀被俘的协约国官兵的报道，都广为流传，而且从未提供过证据。看来，夸张是人类的天性，尤其有利益需要的时候，夸张尤其会盛行开来。

如果说这些不足以使美国向战争中心靠拢的话，自有力量加速它的接近。

二、美国最终参战

在宣传战争中，德国人越来越多地暴露出他们的愚蠢，为美国提供了许多可利用的新机会。

1915 年，德国人指控英国护士伊迪丝·卡维尔帮助恢复健康的协约国士兵从被占领的比利时逃往荷兰。但实际情况是她也护理了无数德国伤员恢复健康，而她的德国病人被禁止为她作证。1915 年 10 月 11 日，卡维尔被德国人判有罪并处以死刑，这一行为激怒了大西洋两岸的舆论，人们为之沸腾。

这个善良的尽职的护士的死亡，对英国的贡献更大。英国人志愿应征本来已在低落中，当有关她的命运的消息传来时，推动了成千人入伍——足以组成一个整师。

而美国总统伍德罗·威尔逊敦促“没有胜利的和平”的许多尝试依然没有实现，哪一方都不接受。柏林感到它在大陆上处于有利的军事地位，而协约国则不接受一个由德国支配的和平。威尔逊还没有领悟不讲军事力量的外交是没有成果的，他就海上美国人的生命损失提出抗议，但是柏林每次都漠视不理。在威尔逊的声明中，有“确有这样的事，自尊使人不屑战争”这样的句子，于是使德国最高统帅部误以为美国不会成为一个强敌，也算是掉以轻心。

如果说宣传战的失利对美国参战影响不大的话，德国的无限制潜艇战对此起到了决定性的作用。

1917年1月31日，柏林突然声称，从下一天开始，德国潜艇将向早些时候规定为战区里的所有船只不发警告就发射鱼雷。可是，德国提出一个“让步”——准许一艘美国轮船开进英国的法尔默思港，进港只能在星期天，而离开则不能迟于第二周的周三。而且，德国对预定作每周海峡横渡的船只有详细的标志规定：船壳和上层结构必须漆成红白相间的垂直条纹，每条条纹的宽度为一公尺，每根桅杆上一定要飘扬着一面大的红白色方格旗帜，美国旗则挂在船尾。德国的意思是，如果华盛顿保证这类船只不运载柏林公布清单上所列的违禁品，就允许其继续航行而不加以干扰，使他们的生命财产免受损失。

美国国务卿罗伯特·兰辛对德国的小小“施舍”很愤怒，主张立即同柏林破裂，但威尔逊感到这违背了他的爱好和平的感情。在断绝外交关系之前，他迟疑了三天。在2月3日向美国国会两院联席会议的致词中，威尔逊暗示，也许德国人并不真想贯彻他们的警告。而后他又声明，任何导致美国人的生命财产损失的行动，将遭到武力抵抗。在批准美国的商船架设大炮后，他等待了几周，看看德国人是否会重新考虑他们的威慑。

与此同时，还有另外一事件推动了美国更加靠向协约国。德国外交部长阿尔弗雷德·齐默尔曼为使墨西哥和日本卷入反对美国的战争，策划了一个异乎寻常的计划。战争爆发时，英国海军情报处在所有横越大西洋的海底电缆上安装了窃听器。1月19日，窃听员截获了一份看来像是一件外交通讯的德国密码电报。英国密码员把这件由齐默尔曼签署的译出的信件，交给了海军情报处首脑威廉·霍尔海军上将。霍尔读了以后，暂时把它搁置起来。他知道，柏林于1月10日有密令给德国海军指挥官，命令他们于2月1日开始无限制潜艇战，选择时机的观念使他下令把齐默尔曼的电报扣留，直到美国感觉到这个密令的充分影响为止。2月23日，这份信件来到白宫，被转交到了总统的手里。

这封信的内容可以视作一个阴谋。它是给驻墨西哥的德国公使的，齐默尔曼命令公使，如果美国拒绝接受无限制潜艇战的话，就谋取墨西哥政府作为反美的军事同盟国。除答应慷慨的财政援助外，还许以将得克萨斯州、新墨西哥州和亚利桑那州还给墨西哥。为加强这个同盟，要求墨西哥总统诱使日本抛弃协约国并进攻美国。

对于这个计划，很多的美国官员认为这简直是天方夜谭，怀疑

此为一个不足为奇的骗局，但是，在仔细检查了原来的密码电报后，断定了它是真实的。德国外交部长承认墨西哥是个军事上的盟国，这一点使美国政府感到震惊，因为那个国家被革命搞得四分五裂，异常混乱。

这封信件于3月1日被公布出来，一时间轰动全球，成为世界上的爆炸性头条新闻。

德国这才后知后觉地意识到，对美国的阻止已经宣告失败，在其从无限制潜艇战和齐默尔曼的阴谋中恢复镇静之前，应率先采取一些战争行动。

1917年4月6日，美国忍无可忍，正式对德国宣战，从而在一定程度上改变了战争的局势。

30 输掉了最不该输掉的东西
——米夏埃尔行动

◇

美国参战的紧迫压力，使得埃里希·鲁登道夫需要作出一个决定了。

鲁登道夫似乎可以看见美国的舰队正在运送着士兵在海上航行，而且越来越接近欧洲大陆。所以，他决意使1918年成为决定性的一年。他打算在西线集中他所能用的全部兵力，在美国的干预能决定结果之前，粉碎协约国或赢得有利的和平，让美国的力量扑一个空。

东线，俄国已经永久退出这次大战，整个冬季德国运兵列车滚滚向西，只留下几个师以保证把谷物运往德国和密切注意无足轻重的赤卫队。

到这个时候，在德国高级人物中，还以为胜利是德国的必然。

冯·霍尔岑多夫海军上将向帝国军事委员会致词时，保证德国潜艇不会让一个美国士兵在西欧登陆。但是，即使一长列一长列的火车运来俄国谷物，也不能抵消协约国封锁对德国人民所起的影响。关键性的食物短缺烦扰着国内战线。大部分德国人呆呆地面对着他们战时的第四个冬天，但在匮乏的情况下有些人的耐心已逐渐消失。

1 月份，在德国柏林、慕尼黑等大城市里，大概有 50 万工厂工人对恶化中的物质条件发动罢工。政府并不在谈判上花时间，部队很快就把罢工工人送回去工作。然后，鲁登道夫密令所有军队指挥官要保持两个营处于待命状态，以对付平民的骚乱。

然而，工人的罢工和平民的骚乱之外，是协约国正在铺张开来的反攻之势。

一、战争的高潮在酝酿

鲁登道夫的部署很积极，到 1918 年 2 月中旬的时候，西线已经摆开了 178 个师，但它们比协约国的 173 个师在数量上并不算太多。

在西线，部署在比利时和法国的兵力，包括123万步兵、2.4万骑兵、5500门重型野炮和8800门轻型野炮。而协约国有148万步兵、7.4万骑兵、6800门重炮和8900门轻炮。尽管人数上协约国胜了德国，但德军在每个师的步兵武器方面占优势：重型和中型机枪，德国是350挺，协约国为64挺；迫击炮，德国是50门，协约国为36门。空军方面，协约国的力量比德国强将近三倍——在英国防区是1255架对德国的1020架；在法国防区约为2000架对470架。但德国战术家在他们需要的地方集中使用他们的飞机，因而抵消了这种优势。

这里的战线长达201千米以上，分派给英国四个集团军——从北到南是第2集团军、第1集团军、第3集团军和第5集团军——包括后备军和两个葡萄牙师在内，共计59个师。至少有97个法国师展开在一条483千米长的战线上，与此同时，十个比利时师和五个美国师给予了一定的补充。

德国的准备是积极的，士兵们整个冬季都在接受渗透战术的训练，该战术曾被设计出来用于夺取里加的战斗，并在此后的卡波雷托战役中得以再次运用。这种战术强调必须保持冲劲，突击部队营或较小些的分遣队，绕过抵抗激烈的据点，被训练来渗透缺口和防守薄弱的阵地；此后，由团预备队从正面向顽抗的孤立据点发起突击；同时，扇形展开的突击部队则从后面进攻。

鲁登道夫打算给英军以最有力的打击。这时候英国是协约国的柱石。他指望没有受过弹性防御训练的英军，将被德国的猛攻所粉碎。虽然这种防御至少已经用了一年，但对英国统帅部来说仍然是一无所知。从俘虏和逃兵中缴获的德国训练手册，已交给英国主要将领组成的一个委员会进行研究和采取预防措施，但这个委员会并没有得其要领。按照德国的训练，前线部队的机动性是这样保证的，即只派三分之一部队守战术据点，同时三分之二留在地下掩蔽部或其他后方堑壕，准备击退在他们防区任何一点上的进攻者。可是，英国将领所组成的委员会，把这个制度倒转过来，他们建议，把三分之二英国部队分派在前线的防御阵地上。

德军的炮轰从 3 月 10 日开始，目标是香巴尼的法国防御工事，同时凡尔登和兰斯两地也遭受牵制性突击。那天英国的空中观察员报告，有大批敌军乘火车和经公路向与英国第 3 和第 5 集团军对峙的防区运动。而且，对弹药集积所的观察和来自逃兵的情报，都证实了对迫在眉睫的进攻的猜疑，但他们没想到大规模的冲突会来得这么快。

德国的准备工作到 3 月 19 日都已完成，突击决定于 3 月 21 日开始。

被安排突破英国防线的三个德国集团军，分别是北面冯·贝洛将军的第 17 集团军，中央格奥尔格·冯·德尔·马维茨将军的第 2 集团军，和南面胡蒂埃尔将军的第 18 集团军。威廉皇子统率的部队实行佯攻，以欺骗法军，使他们料想将在瓦兹河南发起突击。

在战役计划中，鲁登道夫打算连续猛攻到索姆河上省辖城镇佩罗内的两岸，然后德国右翼向北横扫英国的侧翼。这次的进攻代号称为“米夏埃尔行动”，沿着一条 80 千米长的战线开始。从瓦兹到拉费尔的那个紧靠圣康坦北面的防区，是分派给第 18 集团军的，同时从那里到阿腊斯附近的斯卡尔珀河阵线，则由第 2 和第 17 集团军进攻。德国兵力总计 71 个师，但只挑选 32 个师携带 2500 门火炮投入战斗。

面对德国第 2 和第 18 集团军的是高夫的第 5 集团军，由 12 个师组成，稀疏地展开在一条 68 千米长的战线上，从法国第 6 集团军的侧翼向北延伸到佩罗内—康布雷公路。朱利安·宾爵士将军比较幸运。他的集团军有 14 个师，防守着一条不过 45 千米长的战线，与德国第 17 集团军和仅仅是第 2 集团军的右翼相对峙。

德军的信心十分充足。战斗的气氛开始变得紧张起来，战争的高潮已经酝酿充分了。

二、德军的胜利？

战斗终于如期打响了。

1918 年 3 月 21 日，凌晨 4 时 40 分，早已对准第 3 和第 5 集团军防区的几千门德国大炮和迫击炮，连续六个小时猛烈发射高爆炮弹和毒气炮弹。到第五个小时，炮轰改为徐进弹幕射击，那时由后面另外 28 个师紧密配合的 32 个师，在被辛辣的烟和毒气加浓的雾气中，带着防毒面罩，开始进攻。因为德国炮手都是按地图发射，他们射击的准确造成了很大的破坏。

在德国猛烈的炮火轰击中，英军的防御工事和交通线成为一片废墟，很多破坏是由于他们未能采用弹性防御原理而造成的。即使是突击部队的小分遣队，因为是从后面进攻，也压倒了坚强防守的孤立地区。

第一天战斗结束时，整个英军防线崩溃了，高夫的第 5 集团军已被击退。为防止进一步的灾难，高夫下令他的集团军残部退到索姆河后面。而宾的第 3 集团军尽管在前沿遭到局部损失，仍有纵深防御地区，能够使德国的第 2 和第 17 集团军除已从高夫那里夺走的领土外，不能再获得更大的领土。

由于德国两个集团军未能照鲁登道夫所期望的那样进展，他修改了他的策略，利用保护着第 2 和第 17 集团军南侧翼的胡蒂埃尔的第 18 集团军所取得的进展来扩大战果。于是胡蒂埃尔奉命沿着索姆河两岸向海岸进击，同时向北和向南展开，猛攻英军和法军。鲁登道夫推测，在法国的优先程序单中，保卫巴黎将居首位，而英国主要关心的，将是确保海峡港口。这些不同的利益所在将把任何联合行动的需要置于一边。

当小股的单独的法国分遣队前来支援高夫的阻滞作战时，胡蒂埃尔最初沿着索姆河南岸顺利推进的速度放慢了。3 月 25 日，一支英法混合部队，在埃米尔·法约尔将军的率领下，出现在索姆河之南。同时，六个法国师开了上来，但在胡蒂埃尔前进之前，他们退向了西南，好像他们的任务是保卫巴黎。他们的行动表示，贝当最为关心的确实是动用做好战斗准备的部队保卫巴黎。贝当自己的后备军部署在苏瓦松和兰斯之间，他怀疑德国将在那里开始对巴黎的大规模进攻。

3 月 27 日，胡蒂埃尔向法国首都进行了一次最深入的挺进，他部下的几个师攻占了距巴黎约 51 千米的蒙迪迪埃镇。但是筋疲力尽和补给不足使德国人放慢速度。马维茨的第 2 集团军选择亚眠作为目标，但后方战线的后勤部队，包括两个美国工程兵连，冲了上来把他阻止了。乔治·G·S·凯利将军率领的、迅速集结起来的兵力表现不错，取得极为重要的成果。从 3 月 28 日至 30 日，德军对凯利部队防守的堑壕线徒劳地冲击了三天。一次不成，再来一次，4 月 4 日，第二次进攻同样没能够撼动英军的防守，他们疲惫地退出。

尽管结果没有想象中那么乐观，鲁登道夫在 1918 年的这一次攻势，仍是作战技术的杰出范例。他的军队在八天中冲过了64千米领土，这在长期的静态防御战争中是创纪录的。在战斗中首当其冲的英军，约有16.5万人伤亡，法国方面是7.7万人。英、法的被俘人员共计七万人，被夺去的野炮在1100门以上。当迅速前进的德军缴获了他们的200万瓶威士忌酒时，英国人对这一结果感到非常震惊。

三、顺势中统一指挥

鲁登道夫赢得了胜利，但同时，从更广的前景来看，他却输掉了他最不该输掉的东西。那就是这次进攻中损失的24万部队，其中许多士兵都受过突击部队渗透战术的高度训练，这是无法再弥补的。德国的人力严重不足，而美国部队却不断增援协约国。5月25日，潘兴将军把在人力上等于八个法国或英国师的四个美国师交由贝当调度。因为他们缺乏战斗经验，法国指挥官把他们送往平静的防区，以换下法国师开赴主要战线展开激战。

对于这样的情景，鲁登道夫第一次感到失望了。他发现敌人的力量超过了德国的力量。当战斗逐渐减少时，德军精力消耗得太多，不能追击退却中的协约国军了。当气喘吁吁的英国人停下来休息时，许多追击的德国人也在附近躺了下来，疲乏得不能用他们的步枪来射击。

鲁登道夫的军事丰碑还出现了其他裂缝。一些德国士兵纷纷开小差，喝得摇摇晃晃，而军官们对喝醉酒的滋事之徒毫无办法。

协约国这边，英国第5集团军的实际毁灭和其他部队的普遍遭劫，迫使协约国作出拖延了很久的决定——建立单一的指挥部，以向敌军最强的地方迅速地调配增援部队。最高军事委员会并没有被赋予这样的权力。该委员会是为了防止又一次卡波雷托而成立的，它无权支配法、英指挥官将应急部队相互调遣。

当委员会领导人建议，给他们掌握30个师作为后备军时，黑格曾立即加以反对，说他无法满足他的定额。他解释说："我可以同一个人打交道，但不能同一个委员会打交道。"这位英国指挥官提议，他和贝当互相支援——而这一安排曾在战斗中垮台。在敌军猛击高夫的第5集团军时，黑格再三催促贝当支援，可是援军从未来到。

贝当担心德军可能在兰斯前线发起攻势而突破，然后向巴黎前进。他要他的几个师迅速向西南撤退，以保卫首都。黑格答复说，这样的决定将在英军和法军之间留下一个大缺口，为德军扇形展开和歼灭协约国军造成机会。贝当听了之后不置可否。

英、法领导人也觉察出必须谈一谈了，于是就在3月26日匆匆于杜朗这个小镇集会。雷蒙·彭加勒总统主持会议。英国战时国务大臣艾尔弗雷德·米尔纳勋爵和克列孟梭先在一个角落里简短商量后，再同彭加勒商榷。根据法国总理的提议，委员会宣布：福煦将军负责协调亚眠周围战线英军和法军的行动。黑格和贝当一起，极力主张授予福煦全权统率西线的全部协约国军。

4月14日，福煦被正式任命为在法国的所有协约国军的总司令。

黑格渴望自己从属于福煦，这有效地挫败了英国首相想把他免职的意图。不过，劳合·乔治不得不谨慎行事了。下院保守党的支持对于劳合·乔治的政治生涯是极为重要的，而他们是全都赞同黑格的，并且黑格还得到了英皇乔治的信任。黑格的从属角色，现在已使劳合·乔治提不出任何令人信服的理由来把他免职了，他的权力已经不足以管辖他。

31 “平静的防区”不平静
——重回埃纳河边

◇ ……………

协约国之间有了统一的司令部之后，作战效率便提高了不少。

随着战事的推进，德国想白天空袭巴黎几乎成为不可能的事情。因为巴黎和德军战线之间的防御地带，遍布着经过改进的高射炮群和高速战斗机。用“戈塔”式轰炸机进行夜袭逐渐增多，但除月明之夜外，准确性几乎等于零。城市不但灯光熄灭，而且遍布高射炮，进袭者只能高飞，而对他们的目标也就不准确了。在飞机来到前，有效的警报系统使每个人有了充分的准备，炮弹将向飞机打去。

对于法国人来说，巴黎就是最不能失去的一个心脏，保卫巴黎，是可以不惜一切代价的。法国人甚至还顺着流动着的塞纳河的轮廓，在马恩河环形地带的两岸，建造了一个模拟的城市，以欺骗德国飞行员。还加上明显的界标，以便敌机驾驶员易于认识。但德国人也明显侦察到了异样，并未长期受骗。他们在重新寻找对策。

一、终极武器“巴黎大炮”

终于，德国出动了它的终极武器。

1918年3月23日，上午7时多一点儿，巴黎城北街道上突然一声爆炸，建筑物震动，窗户碎裂。好在没有人受伤，这件事故留交例行调查。紧接着，20分钟后，相距两千米，在加雷德莱斯特附近，发生第二次爆炸，八人被炸死，13人受重伤。

虽然伤亡可以忽略不计，但是法国人非常警觉，他们认识到，20分钟间歇的爆炸，是敌人以某种方法造成的。对现场找到的和从尸体中取出的金属碎片进行检查，发现碎片太厚了，不像是炸弹。军火专家们一致认为，这些粗糙的金属厚块都是来自炮弹弹壳。但相距最近的敌人阵地差不多在104千米之外，而最重型大炮的已知射程不会远于32千米。

这时候，法国人还不知道，德国设计师已经研制了三门大炮，每门有120千米射程——恰为从巴黎到置放大炮的所在地圣戈班森林的距离。正是因为目标是巴黎，所以这三门大炮被德军称为“巴黎大炮”。

120千米，为了达到这个距离，克虏伯的军械工人造了一支差不多有12层大楼高的炮筒，长达36米，炮口直径210毫米。它的125千克重的炮弹，是由堆到3.6米高的195千克火药发射的。以每秒钟1676.4米的初速把炮弹推向32千米高的上空，它在极高的同温层中几乎没有什么阻力地猛冲，然后借助引力向巴黎作弧形下坠。发明人埃贝哈特博士运用数学计算来推定所有因素，炮弹、火药量、三分钟空中飞行和大地的曲率之间的相互关系。

我们可以知道，根据物理学原理，如此特长的炮筒是不能支撑它的自重的——不论该钢材的刚性多么好，在近炮口处炮筒无可避免地要下垂几厘米的。埃贝哈特用悬臂支架支撑炮筒，克服了这个问题。设计了可以沿着铁路轨道滚动的有轮缘的车轮，为其提供机动性。这个怪物总重375吨，大炮本身就有180吨。炮筒按固定的50度的角度升高，而射程的增加或减少则由改变黑色火药的数量来调节。巨大的铁路旋车盘可使炮架和大炮作水平面的旋转以改变方向。

如此大的火炮，如此远的射程，导致炮弹落地之处的误差也极大，即使埃贝哈特的天才也无法预言将击中巴黎的哪一个地区。炮轰开始前几天，德国特工人员就接到了报告每发炮弹击中的地方的命令，但根据他们的报告进行的计算，甚至无法使一发炮弹击中战略目标。所有炮弹不分青红皂白地落在公园、公共建筑物、住宅和医院。

3月29日，“巴黎大炮”作了它最悲剧性的一次发射。下午4时30分，教堂里到处都是跪着做礼拜的人，那时，一枚对着巴黎中心的圣热尔韦教堂飞来的炮弹中止了其行程而落在屋顶上。支撑拱顶天花板的一根大柱断裂了，数以吨计的石块哗啦一声坍了下来，压死88人，68人受了重伤。

三天之后，法国人为罹难的同胞举行了大规模葬礼，许多政府高级官员都参加了。鲁登道夫本着人道主义的精神，下令“巴黎大炮”在那天下午暂时停用。而这时候，德皇正兴高采烈地乘汽车驶往圣戈班，他准备亲自向炮手们祝贺。

“巴黎大炮”是不稳定的，其中有一门爆炸，炸死了五名炮手。在其余两门大炮被探出大致的坐落地点时，法国人动用了他们最为强大的炮队，将雨点般的炮弹射向该森林。德国人料到有这一招，在离秘密地点几千米的地方发射空炮弹，声东击西，并在秘密地点上面张了伪装网，来防止空中观测员对巨炮进行弹着观察。他们以此来迷惑法国人。

在发射50发到75发炮弹后，用旧了的炮筒被运到克虏伯厂，把炮口口径扩大到232千米。这种安排使火线上每次只能有一门大炮。在39天内发射了180发炮弹后，大炮得转移到另一个地区，在那里再恢复对巴黎的炮击。每次法国人接近新地点时，德国人就会转移。

随着4月底的到来，“巴黎大炮”终于结束其短暂的恐怖统治时，它已经向巴黎发射了约370发炮弹。在1917年发生过失败主义和反抗之后，法国人对于动摇士气的危险深为警惕。工人机动小组奔赴每一发炮弹爆炸的地点，运走碎片，重新铺筑街道。为了抹去德国任意射击所造成的一切可能的伤痕，损毁的公共建筑物总是修复成它们以前的样子。幸运的是，法国军事设施则从未被击中过，成了漏网之鱼。

二、反攻开始

在炮轰巴黎的同时，鲁登道夫准备在佛兰德发起对英国人的打击。因为那个地区的英法联合部队极为强大，足以击退那里的任何进攻。鲁登道夫策划了一个方案，设法把一部分法国兵力吸引到别处去，从而使形势对德国人有利。

最终，鲁登道夫选择了谢曼·德·达姆一线，而该处正是1917年尼韦尔将军遭遇不幸的地方。这份计划必须仔细、周详。在攀登这91米毫无遮蔽的斜坡之前，他的部队首先得渡过埃莱特河，以及穿越其周围的分布着积水弹坑的沼泽地带。在攻占山脊后，德军下一步得渡过61米宽的埃纳河，并在协约国援军到达之前夺取南岸。取胜要靠快速的袭击战术。

德国采取了精心安排的预防措施，暗度陈仓，特别要避开每天做侦察飞行的协约国飞机以便把备战的行动隐蔽起来。所有去集结待运地的部队调动都在夜间进行，在白天，不准有超过一个营以上的兵力编队或行进。大炮和马匹都隐蔽在靠近树木多的地方，给牲口喂料和饮水都分小批进行。夜间活动留在地上的踪迹都擦掉。在前方地区，运货车和炮架的轮子为了消声，都用锯屑袋作“轮胎”。在突击发动前一天晚上，工程兵们装配桥梁时，在沼泽中青蛙的一片呱呱的欢迎声中完成了这件隐秘的工作。

对于这24千米长的陡峭山脊，贝当终于消除了担心，认为这个地方会依然是一个“平静的防区”。但是，在德军突击前不到两周，潘兴的战斗部署处首脑塞缪尔·T·哈伯德少校提出告诫，敌军的下一目标将是谢曼·德·达姆防区。在战斗情报方面是位新手的哈伯德推断德国将选择这个地区，因为该地实际上是协约国伤员和筋疲力尽的人的休养营地。哈伯德还说，这个防守薄弱的山脊是个明白的标志，即协约国并不以为那个地方会受到进攻。

对于哈伯德的断言，福煦和贝当非常不屑，因为他们认为作为一个未经战斗考验的新手，竟敢在复杂的情报专业方面这样进言。最后，哈伯德说服了法国情报处首脑德·库安特上校。但是，库安特像他在凡尔登的前任一样，未能说服统帅部，而统帅部是赞同第

6 集团军指挥官德尼·迪歇纳将军的意见的，谢曼·德·达姆防区就在该将军的辖区内。

迪歇纳的集团军由七个法国师和四个英国师组成。由连遭挫败的部队和无经验的新兵补充的英国师，防守谢曼·德·达姆山脊的东半部，法军则防守西半部。面对协约国军的是两个德国集团军——贝洛将军的第 1 集团军和马克斯·冯·伯恩将军的第 17 集团军——包括前线 17 个师和后方 13 个师。

5 月 27 日午夜后，64 千米前线上的 4000 门德国大炮同时向法国第 6 集团军开火，使整个谢曼·德·达姆处在炮火和毒气下透不过气来。

轰击开始后头几个小时里，迪歇纳的全部指挥系统就陷于混乱了。他的前沿地区的指挥部、军火库、通讯中心和铁路车站，都被最初的炮火击中。迪歇纳对下级和部队的残暴，使得无人为其尽忠。他还不顾贝当的在纵深系统运用弹性防御的指示，墨守把大部分步兵分派在前沿防线的战术，致使前线甚至在德军前进前就已死伤累累了。

天亮后，晨光照射到滚滚烟火，大量德国步兵出现在弹幕后面。不到一个小时，他们就占领了半个谢曼·德·达姆。迪歇纳甚至没有时间炸毁横跨埃纳河上的桥梁——桥上早已挤满大量步行赴南岸的德军了。到日暮时，德军窜犯的地方比堑壕战开始以来哪一天都多，他们跨过了三条河——埃莱特河、埃纳河和韦斯勒河——到了 20.9 千米外的菲斯默村。

鲁登道夫的时间表要求他的牵制性挺进在菲斯默停下来。一如他原先设想的那样，协约国后备军急忙抽调上来阻止他的部队，而鲁普雷希特皇子则做好一切准备向空虚的佛兰德防区发起打击。

但是，这些惊人的胜利使得鲁登道夫头脑发热，他允许继续进攻。在他们滚滚向前时，德国部队展开来，占领了苏瓦松的关键性的铁路中心。到 5 月 30 日，德军又到达马恩河畔的夏托·蒂埃里，离巴黎还有 60 千米，在四年前他们曾在这个地方被赶回德国。

三、在贝莱奥森林

法国人的溃败是非常惨重的，迪歇纳的成千的惊慌失措的士兵，扔掉了武器和军装，然后消失在络绎不绝经过首都南行的成群结队的平民中。在法国统帅部声望很高的迪歇纳终于被涣散的气氛给弄得一点儿也没有脾气，人们对于他的好感骤减。

已经败到如此境地，法国人求助于潘兴将军，于是潘兴派美国第 3 师增援迪歇纳的第 6 集团军。这个没有经验的师那时正在 160 千米以外接受基本训练。6 月 1 日，乘火车和卡车火速赶赴马恩河的这支庞大部队，从久经沙场的德军那里接受炮火的洗礼。德军吃惊地发现，他们已经不能渡越马恩河。

在夏托·蒂埃里以西向巴黎前进的德国部队只得同美国第2师对阵。这是一场反复的争夺战。短兵相接的血战，突然把进攻者制止了。鲁登道夫于6月6日结束攻势。这次攻势是他在西线的杰出的战术上的成就，他也因此而被人称道。

德军也不是总占到优势，5月28日，美国第1师攻占了康蒂尼村。这是第一次美国的独立作战，德军在半小时稍多一点儿的短暂而猛烈的战斗中被击溃。这一场所的损失是关键性的，因为康蒂尼坐落在一块高地上，能够清楚地看到协约国阵地，同时屏障德国的后方区域。

在急忙赶往具有威胁性的德国突出部的协约国后备军中，有美国第2师的第4海军陆战旅，这个突出部由苏瓦松、兰斯和夏托·蒂埃里形成一个大致的三角形。美军被派往夏托·蒂埃里西北靠近贝莱奥森林的战线，在那儿，法国部队正从有利的陡坡阵地上溃退下来。

6月3日傍晚，退却中的法军在这个防区外几千米的地方遇见了海军陆战队。

紧挨着这个同名城镇南面的贝莱奥森林，树木茂密，矮树丛生，其间遍布岩块和大的砾石，临着通向吕西·勒博卡热村和布雷舍村的麦田。德军用面向村庄的三重堑壕线把这座森林布防起来。象棋盘般地排列的互相支援的机枪掩体，把进攻者置于来自所有方向的火力之下。沟壑、溪谷和狭路，都由发射纵射火力的马克沁重机枪来控制，狙击手的散兵坑都隐蔽在紧紧缠绕着的灌木丛后面。一排一排的有刺铁丝保护着这个系统。

美国海军陆战旅指挥官詹姆斯·哈博德准将，因为一份错误的法国报告，以为贝莱奥森林除东北角外是没有德军的。海军陆战队缺乏通常来自战斗经验的起码的谨慎态度，忽视了对这个地区进行搜索。这就导致了后来的盲目进攻。

6月6日，天刚亮，海军陆战队开展进攻。当士兵们排成四行——每人相距4.5米，每行相距18米——大踏步前进时，德国枪手喜出望外，用连续的机枪射击把他们扫倒了。然而，海军陆战队不愿认输。他们反复向前进，为夺取这个地区一码一码地战斗着。贝莱奥森林是很适合狙击行动的，而这是许多美国人的普通技能。

最终，经过20天艰苦卓绝的战斗，海军陆战队士兵把敌人赶出了森林。但也付出了不小的代价：美国第2师计伤亡近9800人，其中5000余人是海军陆战队员。

贝莱奥森林之战从军事标准来看成果并不大，但它的心理影响是深远的。随着夏托·蒂埃里胜利之后，协约国目睹德国在美国的打击之下垮掉了。争狠斗勇的美国海军陆战队，在跟德军火力相接的时候，肯定没料到这场战役的影响深远。

32 高估自己的结果
——帝国溃败

相比美国海军陆战队在贝莱奥森林奇迹般的胜利来说，美国更大的贡献体现在对协约国慷慨的支援上。

到1918年夏，美国运往海外的食物和补给，已经增加到每月近一百万吨。但是，望眼欲穿的部队运输船只直到1918年春才开始到达。即使在那个时候，协约国军事领导人仍低估美国的作战能力和工业潜力。当福煦预言大战将持续到1919年秋时，几乎没有人说用不了这么久。

在这场持续了足足四年多的战争中，美国人只在最后六个月中参战，而且与协约国的惊人损失相比，美国的伤亡是微小的，但同时也承担了非常重要的作用。

后期很多重要的战役都有美国军队的参与。

可以这么说，美国的参战，很大程度上加剧了德国的溃败。

一、强有力的攻势

在参战的最初，美国部队都和英、法军队编在一起。潘兴曾同意这种安排，但保留了他组成一支独立美国军队的计划。在威尔逊总统和牛顿·D·贝克陆军部长的支持下，潘兴说服现在是协约国军总司令的福煦，在8月10日组成了独立的美军指挥部。福煦最初对美国的作战能力是有怀疑的，但很快他便称赞他的新盟国了。因为，在以后几周中，美国军队防守了整个战线的近四分之一——比筋疲力尽的英军防守的战线长得多，这是一支风头正旺的生力军。

美国的人力壮大了协约国军队后，鲁登道夫的大规模进攻就逐渐减弱了。他最后一次的被称为第二次马恩之战的进攻开始于7月15日，不过两天就告终。截止到这个时候，1918年四个月的战斗中，德军损失了80万士兵。

但是德国未能有喘息的机会，更大的打击接踵而来。7月18日开始，德军连续遭受猛击，被迫采取守势。福煦策划的反击，要攻下敌人的三个突出部，收复经过前线、把亚眠和阿兹布鲁克这两个战略接合点连接起来的铁路线。最初的矛头都指向以前德国大规模进攻期间形成的突出部——来自第一次进攻的亚眠突出部，第二次突击造成的埃纳·马恩，以及自1914年以来已经存在的圣米耶尔。

四个法国集团军袭击埃纳·马恩突出部的环形防线。面对突出部西边的是夏尔·芒让统率的第10集团军，以及让·德古特将军统率的第6集团军，其次是马里·德米特里将军的第9集团军和亨利·贝特洛将军的第5集团军。支援这些部队的，是八个美国师、四个英国师和两个意大利师。

芒让以他的20个师的兵力率先冲击，并且熟练地使用350辆坦克，向具有战略意义的苏瓦松和苏瓦松·夏托·蒂埃里公路大规模进攻，威胁着要瓦解德军的交通。德军抵不住芒让的冲击而退却，用后卫作战来阻滞协约国部队。苏瓦松以南的美国第1师和第2师，深入到敌人的突出部，但顽强的、由激烈的肉搏战进行的抵抗，推迟了他们的前进。于是，八个美国师，大概22.4万人参加进来，把突出部压成平直，迫使德军退到埃纳河和韦斯勒河，颓势口显。

联军胜利地把敌人赶出埃纳·马恩突出部为巴黎带来了欢庆，这座城市不再面临入侵的威胁了，巴黎人们奔走相告。

这一战线业已收复回来，接下来就是亚眠了。

二、夺取亚眠

攻陷埃纳·马恩突出部后的第三天，福煦和黑格开始削平亚眠突出部。

在这一主要由英军承担的攻势中，亨利·罗林森爵士的第4集团军，得到马里·德伯内和乔治·洪贝尔指挥的法国第1集团军和第3集团军的支援。他们又都得到一支强大的部队——一个有四个师的加拿大军，一个有五个师再加上三个骑兵师的澳大利亚军，和一个美国师——的支持。此外，他们的机动装甲部队包括最新式的

600 辆坦克，他们还有 2000 门大炮。空中支援方面计有 800 架战斗机和轰炸机。对付这支强大的部队，鲁登道夫只能集结马维茨的第 2 集团军和胡蒂埃尔的第 18 集团军，共计 20 个师，青少年和年纪较大的后备役军人也包括在内。

8 月 8 日，协约国在凌晨 4 时的浓雾中发动进攻。2000 多门火炮齐鸣，几百辆坦克率领十万步兵，排山倒海般向德军防线冲去。当时，坦克还被局限作为步兵的掩护。即便如此，浓雾中出现的坦克，依然给德军带来了巨大压力。坦克装备的轻型火炮和机枪并没有杀伤多少德军，但许多坦克不惧枪弹，势不可挡冲来的气势却让德军胆战心惊，纷纷逃跑，躲入战壕等待冲上来的步兵。在徐进弹幕射击的掩护下，罗林森的装甲纵队和步兵突然前进。

就像在康布雷那样，发出铿锵声的车辆使防守者士气涣散，不到两个小时，英军就捕捉了 1.5 万名俘虏和缴获了约 400 门大炮。这次进攻甚至出乎比较高级的指挥阶层的意料，一个师级参谋人员正在吃午饭时被俘，可见德军在备战和侦察方面的不足。

在这场战斗中，协约国将军曾想用坦克和骑兵配合作战，事实证明这是个败笔。因为当时骑兵的速度比坦克快，但面临机枪扫射时，骑兵又不敢跟着坦克上前。在战斗中，两个不同兵种根本无法配合。相反，一辆绰号“八音盒”的中型坦克，在行动中与骑兵失去了联系，于是得以自由发挥，先消灭了一个德军炮兵阵地，接着在铁路边协助友军杀伤60名敌军，后来又连续击毁了几个敌军运输纵队，才终于被德军击毁。这充分说明了装甲部队单独行动所展现的强大威力。

协约国比较容易地突破防线，揭示了德军的困境。大为沮丧的鲁登道夫终于认识到不可能获胜了，甚至“有利的和平”也不再行得通了，这一天成了德军“最不幸的日子”。

最终，进展顺利的协约国军队，在这场战斗第一天就突破了德军正面，歼灭和俘虏德军2.8万人，自己损失仅1.2万人。当然，600多辆参战坦克中的109辆被击毁。

三、圣米耶尔之战

圣米耶尔之战的胜利同样属于协约国。

圣米耶尔突出部自1914年以来，就在德军的守护之下，因为这里在凡尔登以南的默兹河和摩泽尔河之间，是保护梅斯和布里埃铁矿的关键性中心，而该矿是德国炼钢所需矿石的丰富源泉。

这个楔形突出部，插入法国的右侧翼达26千米，既切断了凡尔登—土尔铁路，又切断了巴黎—南锡铁路。要在默兹河和阿尔贡

森林之间的防区进行任何成功的大规模进攻，消除这个突出部是必不可少的，这个防区已被选为下一个目标。肃清圣米耶尔突出部的德军，已成为美军在自己指挥下的第一个行动。

为了大规模进攻，这里集结了超过55万的美军和11万法军的兵力。在参加这次进攻的三个美国军和九个附加的师中，两个军和九个师都无战斗经验。除了陆军，空军集结了1500架飞机，大都是由法国人和英国人提供的，这是为一次攻势所曾集结的最大数量。在突出部的两边，集中了约400辆法国坦克。3000门以上大炮和330万发炮弹，保证进攻者将使用高爆炸药把敌人阵地彻底击垮。

相对于协约国在此处集结的力量，德国的防御就显得弱小了，只包括在火线的八个师和两个旅，以及作后备的五个师。德军早早地意识到部队和物资的集中预示一次进攻，自知抵挡不过，于9月11日逐步从突出部撤走了，这也就避免了他们更多的损失。

9月12日，上午6时，轰击从突出部的南边开始。三个小时后，从西边开始第二次弹幕射击。尽管多方设法，德军仍不能完全免于潘兴仔细安排的结果。工兵用特制的爆破筒炸开一排排的有刺铁丝。以锋利的钢丝钳和斧头装备起来的其他士兵，则在密集的有刺铁丝中开出宽阔的缺口。给前进中步兵作保护衬垫用的一卷卷小方格的铁丝网，铺在障碍物上，以便前进。

就这样，进攻部队快速地通过乱糟糟的有刺铁丝网，而这是以前所未有过的。法国人为美国人的创造性在实战中的运用感到惊愕，几天后，数百名军官到现场访问，学习这种新的摧毁路障的方法。

潘兴获知敌人逃跑，为截断其退路，下令两路钳形强行推进。在24个小时内，从南面来的第1师和从西面来的第26师在维纳勒村会师。到傍晚，这个突出部基本上被攻陷了，美军胜的非常绝对。在这场不到30个小时的战斗里，德军有1.6万人被俘，450门大炮被缴获，大约518平方千米从他们手里交出了。

这几场战斗的胜利，正是德军溃败的表现。前几个月还沾沾自喜的德军司令部，终于明白了自己的处境，过于高估了自己，得到的就是这些难以面对的下场。

33 矛盾依然尖锐
——战火熄灭

◇……………

在遥远的东方，在这场战争的第一阶段，由于日本的强烈反对，袁世凯政府放弃接受英、美、俄的参战邀请，在1914年8月6日，宣布中立。但日本乘机占领胶州半岛，英军在青岛登陆后，袁世凯在日、英共同压力下与日本签署包含卖国的“二十一条”的《民四条约》，引发全国性抗议。

战争持续到1917年年初，在德国潜艇肆虐的压力下，英、法等国要求日本派海军参与欧洲战事，并为其在华利益背书。日本改变立场，推动中国政府对德宣战。最终，依靠日本财政支持的段祺瑞坚决主张与德断交，黎元洪下台。

1917年8月2日，开战整整三年后，中华民国政府国务会议正式决议对德宣战。但是，中国参战只限于取消奥匈和德国在华领事裁判权、没收敌产、废除条约等，不派军队而是提供民役。段祺瑞将宣战换得的日本借款用于对付南方的孙中山政权，即“对外宣而不战，对内战而不宣”。

如果说中国对战争的参与只是在呐喊，对德国影响不大的话，那么德国在其主战场的不断失利却使得它最终在这次大战中走向败落。

一、奥地利的投降与德国的求和

由于协约国猛烈的反攻，尤其是在兴登堡防线对德国的打击，使之摇摇欲坠，他们不得不考虑结束这场战争的伤亡更小的手段。

随着节节的败退，德军差不多已从法国的全部和比利时的一部分土地上撤出，而此时的战斗转化为猛烈的后卫战。德国的人力在下降，其人力约为协约国兵力的37%。在10月底，只有一个新建师列入后备军，拥塞的铁路使军事运输成为爬行，有50多万士兵都处在离前线很远的地方，许多部队简直混乱至极，逃兵不断。

在8月协约国削平亚眠突出部的“暗淡的日子”以来，除伤亡外，约有30万德军被俘，鉴于人力的极度缺乏，德国最高统帅部不得不从陆军名册上勾销了32个师。春季还处于攻势，现在已经是被动的局面，鲁登道夫的权威逐渐趋于最小。

9月26日，正当默兹·阿尔贡进攻发动的时候，保加利亚退出了大战，这对德国也是一个双重的打击。两天后，心力交瘁的鲁登道夫在精神上垮掉了。他在例行的参谋人员检讨军事形势的会议上滔滔不绝地发表长篇激烈的议论，他的为难的下属坐立不安。最后，他因虚脱而倒在地板上。那天傍晚，仍然颤抖不已的鲁登道夫以他模糊的仅能被人听懂的言词，劝告兴登堡从所有占领的西方领土撤退，并根据看来是他曲解了的威尔逊总统在14点建议中所表示的条件求和。形势确实如此，于是兴登堡同意了，并告知德皇，以谋求意见。

也正是这个时候，德国的同盟国都垮了。协约国在西线的前进，使希腊人、意大利人、罗马尼亚人和塞尔维亚人又有了希望，深信奥地利军队不能再指望得到增援，他们在自己的不同战线上出击。连续在美索不达米亚、巴勒斯坦和叙利亚取胜的艾伦比将军，结束了奥斯曼帝国。

德国和奥地利现在都单独作战了。得到协约国部队增援的意军进击皮亚韦河，迫使奥军退出意大利。不满情绪蔓延在整个哈普斯堡帝国，它的一些隶属国家宣布独立。革命动乱席卷了奥地利，这个同样疲惫不堪的国家，在 11 月 3 日宣布投降。

德国也在为停战而奔走，而为寻找适当的代言人同协约国打交道，德国政府于 10 月 4 日任命巴登的马克斯皇子为总理，主要是因为他的自由派观点。24 个小时内，和平试探者经由瑞士政府被派往华盛顿，但威尔逊总统推迟了两天才答复，没有通知协约国，他仅仅问了一些需要澄清的问题。马克斯皇子于 10 月 12 日发出了他的第二个照会，原则上接受威尔逊的 14 点建议。

这时候，威尔逊总统已经有接受的倾向了。但是，接下来发生的一件事，改变了这个即将可能出现的结果。

10 月 12 日，客轮“伦斯特号”在爱尔兰和英格兰之间中了鱼雷，包括许多美国人在内的400余人丧生。威尔逊在10月14日的答复中余怒未息，在德国继续奉行其“不合法和不人道的做法”时，他断然拒绝考虑任何谈判。

德国总司令部这时候立即傻了眼，因为这个时候，情况一天天变得更加危急，半饥饿折磨着柏林和其他大城市，流行性感冒的传播夺去了成千个受害者的生命，而煤、煤气和其他燃料的缺乏则预示着困境的加剧。当国内战线看到军事上失败时，信心开始消失了。德皇不再被人尊敬为至高无上。“打倒德皇”成了富人和穷人的共同想法，威廉现在被看成了和平的主要障碍，他的位置势必不保。

10月27日，德皇试图通过迫使鲁登道夫辞职来顶住失败。但他认识到这一点时为时已晚。10月28日，威廉港爆发了海军起义，并蔓延到基尔的公海舰队。红旗飘扬在战列舰的樯上，成千的水兵唱着马赛曲，在街道上行进。军官很少见到，偶尔遇到的都解除了武装，并被强行戴上红帽章。到11月4日，起义已席卷整个德国的北部，并迅即蔓延到南部和西部；所有的莱茵河上的渡口都被反抗者占领。

看来，战争已经超过双方的预期，必定要趁早结束了。

二、战争的休止

1918年11月7日，由中央党的领袖、新任国务部长马蒂亚斯·埃茨贝格领导的德国停战委员会，开始同福煦元帅在贡比涅的火车车厢里谈判。

11月9日，兴登堡在比利时斯帕的德皇总部一次正式会面的场合，告诫他的君主，德国军队现在已经没有力量保护他，并劝告陛下退位，前往荷兰。大势已去的威廉只好接受其劝告，如果不接受，他的命都将不保。

在兴高采烈的协约国军能够集结起来侵入德国之前，一个共和国宣告诞生，停战条约于11月11日签订。

在停战条约中，德国同意从所有侵入的领土撤出，包括于1871年从法国夺取的阿尔萨斯省和洛林省。它还保证遣返所有协约国的军人和平民俘虏而不是要求立即交换，并交出大量战争物资，其中包括5000门大炮和2.5万挺机枪。

德国公海舰队的十艘战列舰、六艘战列巡洋舰、八艘轻巡洋舰和50艘驱逐舰，连同全部潜艇，都被扣留。后来，这些水面舰只驰往斯卡帕弗洛的英国海军基地。法国人指望接收其中大部分舰只作为赔偿的一部分，但1919年6月，英国人眼睁睁地看着德国水手把他们的战舰凿沉了。对于他们这种自毁行为，英国人也毫无办法。

德国战败的前后，将军们都急着隐退，避免在有条件的投降中扮演任何角色。没有高级军界人物参加停战的进程。而胆小的鲁登道夫，生怕有人会杀他，穿起便服、戴上黑眼镜化了装逃亡瑞典。指引德国走向停战的重任就落在埃茨贝格和他的同事的肩膀上。

但是德国最先对自己的失败并不予以承认。受克制的宣传运动强调指出，德国并没有被打败，而最高统帅部求和为的是防止进一步流血和结束对妇女儿童的饥饿封锁。后来，在这种虚构逐渐消失时，军队则指责说，它被国内战线卖国贼“在背后捅了一刀”。军人反诘道，停战线不是终止在比利时和法国领土上吗？

1919年，鲁登道夫觉得风头已过，便回到德国，并像他的政治上同伙阿道夫·希特勒那样，捡起这个口号。在战败和怀恨的德国人中，没有什么口号比“背后捅了一刀”这一说法更易于触人心弦的了，这个主题成了纳粹教义的一根支柱，埃茨贝格是他们这种鼓吹的一个早期受害者——1921年，两名前军官把他当做签订停战条约的“卖国贼”，开枪把他打死了。埃茨贝格成了枪口下的冤魂。

这场长达四年多的战争是第一次世界规模的大战，是空前的全球性大战斗，被迫或主动卷入这场战争的有六大洲的28个国家。

大战使各国人民遭受空前灾难。交战双方动员兵力共7340余万人，直接参战部队2900多万人，死于战场的约1000多万人，受伤的约2000万人，受战祸波及的人口在13亿以上，约占当时世界总人口的75%；战争造成的经济损失达2700亿美元。

战后，帝国主义各国的力量对比发生变化。德国战败，割地赔款；奥匈帝国彻底瓦解；俄国无产阶级革命胜利，建立了苏维埃政权；英、法虽获胜利，但在战争中被削弱了很大的力量；美国从战争中获取暴利，成为世界经济强国。

然而各自付出的代价尽管如此之多，但战争并没有消除帝国主义各国之间的仇恨，欧洲各国的矛盾依然尖锐。而在远东，日美之间的矛盾也在加剧。一场规模更大的世界性大战已经埋下了伏笔，并且在十多年后最终燃遍全球。